Antworten des Verheißenen Messias[as]

Hadhrat Mirza Ghulam Ahmad[as]
Der Verheißene Messias und Mahdi des Islam

Antworten des Verheißenen Messias[as]
von Hadhrat Mirza Ghulam Ahmad[as]

Zusammengestellt von Naseem Saifi, Rabwah (Pakistan)

Erste deutsche Übersetzung/Auflage 1999
Zweite, verbesserte Auflage 2017

Aus dem Englischen übersetzt von Mubarak A. Giorgi

Unter der direkten Aufsicht von
Hadhrat Mirza Masroor Ahmad Khalifatul Masih V[ABA]
(Fünfter Nachfolger des Verheißenen Messias[AS] des Islam

Genfer Straße 11
D - 60437 Frankfurt am Main
Mehr Informationen unter www.verlagderislam.de

ISBN 978-3-944277-39-4
PRINTED IN GERMANY

Inhaltsverzeichnis

Vorwort **12**

Vorwort zur zweiten Auflage **15**

Antworten des Verheißenen Messias[as]

1. Quellen der Führung 19
2. Wudhu 24
3. Zähneputzen 25
4. Sprechen während der Azan gerufen wird 25
5. Azan in den Ohren eines Neugeborenen 26
6. Gebet und Glaube 26
7. Nafl-Gebet nach dem Azan des Fajr-Gebets 27
8. Warum nicht hinter Nicht-Ahmadis gebetet wird 28
9. Sich vom Platz bewegen während des Gebets 30
10. Das Rezitieren einer langen Sura im Gebet 31
11. Derjenige, der hinter einem Nicht-Ahmadi betet 32
12. Eine Moschee mit einem Haus verbinden 32
13. Bittgebet in der eigenen Sprache 33
14. Gebet mit dem Plural versehen 33
15. Bittgebete nach den Gebeten 34
16. Das Gebet vor dem Imam beenden 35
17. Sura Fateha hinter dem Imam 36

18. Gebet – eine spirituelle Freude 36

19. Dalaa-i-lulkhairat und andere Wazaif-Gebete 39

20. Das beste Wazifa 41

21. Verkürzen des Gebets 43

22. Verschränken der Arme während der Gebete 44

23. Gebet in der eigenen Sprache 44

24. Bittgebet nach dem Gebet 45

25. Koran-Verse während Ruku und Niederwerfung 46

26. Beten in der Moschee von Widersachern 47

27. Der Heilige Koran in einer Raka'at 47

28. Bild und Gebet 48

29. Wenn man einem Gebet während der Ruku hinzutritt 51

30. Warum leitete der Verheißene Messias[as] die Gebete nicht selbst? 54

31. Die Verwendung des Rosenkranz 54

32. Versäumte Gebete 55

33. Achtung vor der Kaaba 56

34. Wazaif und spirituelle Musik 57

35. Fünf tägliche Gebete und das Tahadschud 59

36. Hat die Einrichtung des Gebets die Muslime geschwächt? 60

37. Rezitieren des Heiligen Korans 61

38. Ein bezahlter Imam 63

39. Warum eine einzige Fotografie? 63

40. Eine Moschee, erbaut von einer Prostituierten 65

41. Fotografie des Verheißenen Messias[as] 66
42. Sura Fateha für einen Toten 68
43. Janaza Ghaib 69
44. Janaza eines Märtyrers 69
45. Qul für die Toten 70
46. Befragung im Grab 71
47. Hören uns die Toten? 72
48. Die Gräber mit Zement bauen 72
49. Hilfe von den Toten erbitten 73
50. Wehklagen über den Toten 74
51. Niederwerfung vor Anderem als Gott 75
52. Die Kranken anhauchen 76
53. Beten für die Toten 77
54. Das Rezitieren des Heiligen Korans für die Toten 77
55. Miladun-Nabi[saw] 78
56. Ein Gebet für den Verheißenen Messias[as] 79
57. Istikhara 80
58. Bai'at des Verheißenen Messias[as] 81
59. Jene, die den Verheißenen Messias[as] nicht anerkennen 81
60. Der Verheißene Messias[as] schwört, dass er wahrhaftig ist 82
61. Anerkennung des Anspruchs des Verheißenen Messias[as] 83
62. Dürfen zwei Personen das Freitagsgebet beten? 83
63. Opferschlachtung einer Kuh 84
64. Wann ist die Hadsch verboten? 85

65. Hadsch für einen Toten 85

66. Was ist die Zakat? 86

67. Keine Zakat auf Häuser 88

68. Warum Ramadan? 89

69. Fasten auf Reisen 91

70. Gehorsam gegenüber der Mutter 94

71. Absicht für das Fasten in der Morgendämmerung 95

72. Itikaaf 97

73. Nikah (Eheschließung) 98

74. Die Vorteile der Ehe 98

75. Gehorsam gegenüber dem Ehemann 100

76. Die islamische Pardah 102

77. Scheidung eines Minderjährigen 103

78. Respekt gegenüber dem Heiligen Prophetensaw 104

79. Walima 105

80. Neuerungen durch Frauen 105

Anmerkungen des Herausgebers 106

Zum Autor 108

Vorwort

Der Verheißene Messias und Mahdi, der in den Letzten Tagen erscheinen werde, solle, wie aus den Überlieferungen des Heiligen Propheten[saw] berichtet wird, sowohl *Hakam*[1] als auch *Adal*[2] sein. Das heißt, er werde eine Autorität in allen religiösen Angelegenheiten haben und zwischen den uneinigen Muslimen richten. Er solle den Islam neu beleben, das bedeutet, dass er allen Staub vom reinen Antlitz des Islams entfernen und der Welt dessen Vortrefflichkeit aufzeigen werde. Und ebendies tat Hadhrat Mirza Ghulam Ahmad[as] unter der Leitung Allahs; er war der Verheißene Messias und Mahdi. Seine gesegneten Begleiter ersuchten eifrig seine Führung und stellten ihm Fragen aller Art, auf die er Antwort gab. Öfters noch spürte er selbst die Notwendigkeit des Bedarfs, ein bestimmtes Thema zu diskutieren, und er sprach es dann an, ohne darauf zu warten, bis er danach gefragt würde.
Fast alle diese Diskussionen sind uns erhalten in den Pionier-Zeitungen der Gemeinde *„Al-Hakam"* und *„Badr"*, deren Herausgebern wir außerordentlich dankbar sein müssen.
„Antworten des Verheißenen Messias" ist ein Versuch, einige dieser Gespräche der deutschsprachigen Welt vorzulegen. Ich habe eine Auswahl solcher Themen vorgenommen, die, wie ich denke, von vergleichsweise größerer Bedeutung für den neu zum Islam Konvertierten sind oder denjenigen, der keinen unmittelbaren Zugang zu den Originalschriften hat.
Schon die bescheidene Erfahrung, die ich mit dem Vermitteln der von Hadhrat Mirza Ghulam Ahmad[as] entwickelten Botschaft des Islam gehabt habe, hat meine Überzeugung enorm gefestigt,

[1] Bed.: „Richter". (Anm. d. H.)
[2] Bed.: „Derjenige, der Gerechtigkeit bringt." (Anm. d. H.)

dass nichts so schnell in die Herzen der Wahrheitssuchenden eindringt, wie die Originalworte des Verheißenen[as]. Ich bin darum Gott sehr dankbar, dass mir die Gelegenheit zuteil wurde, einige seiner Worte übertragen zu dürfen, und ich bete zu Allah, dass dieses Buch den Zweck erfüllen möge, zu dem es jetzt der Leserschaft übermittelt wird.

Amen.

Der Inhalt dieses Buches ist zuerst als Serie in der Wochenzeitung der Nigeria-Mission der weltweiten Ahmadiyya Bewegung erschienen.

Naseem Saifi

Vorwort zur zweiten Auflage

Nachdem 1999 die erste deutsche Übersetzung dieser Zusammenstellung der Aussagen des Verheißenen Messias^{as} erschienen ist, liegt hiermit die zweite Auflage vor. Neben einer sprachlichen Überarbeitung wurden viele Quellen der Aussagen des Verheißenen Messias^{as} ergänzt und vervollständigt.

Dank für die Übersetzung gebührt nach wie vor Mubarak A. Giorgi. Ebenso möchten wir uns bei Tariq Hübsch bedanken, der Korrektur, Satz und Layout überarbeitet hat. Nabeel Ahmad Shad gebührt großen Dank dafür, die zahlreichen Referenzen recherchiert zu haben und die Übersetzung ein weiteres Mal sehr detailliert mit dem Urdu-Original verglichen und überarbeitet zu haben. Die zahlreichen arabischen Kalligrafien hat Kashif Mahmood erstellt und für die Gestaltung des Umschlags gebührt Qamar Mahmood Dank. Möge Allah Sie belohnen und segnen. Amin

Mubarak Ahmad Tanveer
Publikationsabteilung Ahmadiyya Muslim Jamaat
Frankfurt am Main, 2017

Antwortten des Verheißenen Messias[as]

﴾ بِسۡمِ اللّٰهِ الرَّحۡمٰنِ الرَّحِيۡمِ ﴿[1]

1. Quellen der Führung

Während des erneuten Durchsehens eines Buches – *„Mobahisa Chakralwi"* – sagte der Verheißene Messias[as] und Mahdi[2] unter anderem:

„Die Muslime haben drei Quellen der Führung; zuerst den Heiligen Koran, der das Buch Gottes ist und von nichts an Echtheit übertroffen wird. Es ist das Wort Gottes, und Zweifel und Vermutungen haben darin keinen Platz.
Die zweite Quelle ist die *Sunna* (Praxis), und wenn ich sage *Sunna*, dann mache ich einen Unterschied zwischen den Fachausdrücken der *Ahl-i-Hadith*[3] und der *Sunna.* Ich sehe diese zwei nicht als dasselbe an, wie es jene tun, die sich als Mohaddisten bezeichnen, (also die Anhänger oder die Gelehrten der Hadith; Anm.d. Ü.). Die Hadith unterscheidet sich und ist losgelöst von der *Sunna.* Mit *Sunna* meine ich allein die beständige Praxis des

[1] „Im Namen Allahs, des Gnädigen, des Barmherzigen."

[2] „Mahdi" ist eine islamische Terminologie, die wörtlich „Der Rechtgeleitete" bedeutet. In diesem Kontext geht es um den vom Heiligen Propheten Muhammad[saw] prophezeiten und in der Endzeit erwarteten muslimischen Mahdi. (Anm. d. H.)

[3] Der Autor unterscheidet hier kategorial zwischen Sunna und Hadith, wenn er hier anmerkt, dass die Kategorisierungen der Ahl-i-Hadith (eine Gruppierung innerhalb des Islam, die die Hadith dem Koran vorziehen) für ihn keine Relevanz besitzt. (Anm. d. H.)

Heiligen Propheten Muhammad[saw]; die Handlungen, die er in Übereinstimmung mit der Offenbarung des Heiligen Korans begann und die immer unverändert bleiben werden. Mit anderen Worten können wir sagen, dass der Heilige Koran das Wort Gottes ist, während die *Sunna* die Handlungsweise des Heiligen Propheten[saw] ist.

Es entspricht von jeher Gottes Wesen, dass, wann immer Propheten Seine Worte als Führung zu den Menschen bringen, die Propheten selbst die ersten sind, die diese Worte in die Praxis umsetzen, um den Empfängern zu zeigen, wie sie im Leben angewendet werden sollten, damit das Verstehen der Lehre weder schwierig noch zweideutig wird. Diese Propheten handeln nach Gottes Wort, das ihnen gegeben ward, und sie achten darauf, dass die anderen es ebenso tun.

Die dritte Quelle der Führung sind die Hadith. Und mit Hadith meine ich solche Erzählungen, die ungefähr 150 Jahre nachdem der Heilige Prophet[saw] gestorben war, durch verschiedene Überlieferer gesammelt wurden. Somit ist der Hauptunterschied zwischen Hadith und *Sunna,* dass letztere eine tatsächliche Lebenspraxis ist, die beständig eingehalten worden ist, und die ihren Ursprung im Handeln des Heiligen Propheten[saw] selbst hat. Hinsichtlich ihrer Authentizität wird sie allein vom Heiligen Koran übetroffen. Und ebenso, wie der Heilige Prophet[saw] beauftragt war, die Lehre des Heiligen Korans zu verbreiten, war er beauftragt, darauf zu achten, dass sich die Praxis dieser Lehre etablierte. Es geht darum, zu zeigen, dass, so wie der Heilige Koran authentisch ist, auch die *Sunna,* die dessen beständige Praxis ist, hohen Wahrheitsgehalt besitzt. Der Heilige Prophet[saw] erfüllte diese beiden Aufgaben. Als z. B. das Gebot für das Gebet empfangen wurde, zeigte der Heilige Prophet[saw] den Menschen persönlich durch seine eigenes Vorbild, wie sie dieses Gebot zu erfüllen hätten. Er war es, der den Leuten sagte, aus wie vielen *Raka't* das Fajr-Gebet, das Maghrib-Gebet oder die anderen gebete bestanden. Ebenso vollzog er auch die *Hadsch* persönlich, um den Menschen zu zeigen, wie sie es zu tun hätten. Darüberhinaus ließ er tausende seiner Gefährten alle diese Dinge in seiner Gegenwart tun und somit festigten sich diese Rituale gut. Alles, was wir davon heute in der *Umma*[4] sehen, wird als *Sunna* bezeichnet.

Was aber die Hadith betrifft, so hat der Heilige Prophet[saw] sie weder selbst zu seinen Lebzeiten niederschreiben lassen noch traf er Vorkehrungen für eine derartige Arbeit. Ohne Zweifel wurden einige Hadith von Hadhrat Abu Bakr[ra], Allah sei erfreut durch ihn, gesammelt, aber später, als alles niedergeschrieben war, fürchtete er aufgrund seiner Gottesfurcht – da er nicht alles unmittelbar vom Heiligen Propheten[saw] selbst vernommen hatte –, dass womöglich gewisse Unrichtigkeiten enthalten wären, weswegen er seine gesamte Sammlung verbrannte. Als die Gefährten des Heiligen Propheten[saw] allmählich verstarben, führte Gott einige der *taba taba'in*[5] dazu, die Hadith zu sammeln. Das war die eigentliche Zeit als die Hadith gesammelt wurden. Wir haben keinen Grund zu zweifeln, dass jene, die die Hadith sammelten,

[4] Die muslimische Gemeinschaft (Anm. d. H.).

[5] Unter den *taba tab'in* werden jene Muslime verstanden, die Kontakt hatten zu den *taba'in*, also zu jenen Muslimen, die Kontakt hatten mit den *sahabas*, den Gefährten des Heiligen Propheten[saw].

rechtschaffen und gottesfürchtig waren und sie alles taten, was in ihrer Macht stand, um ihrer Auffassung nach verfälschte und zweifelhafte Hadith zu vermeiden. Indes bleibt es doch Tatsache, dass trotz dieser Ansrengung diese Arbeit erst vollbracht wurde, nachdem die eigentliche Zeit dafür längst verstrichen war. Dies ist der Grund, warum keiner von ihnen je über den letzten Zweifel erhaben sein konnte. Es wäre jedoch eine grobe Ungerechtigkeit zu behaupten, dass alle Hadith eitel, nutzlos, überflüssig und ein Haufen Lügen wären. Die Sorgfalt, die bei der Sammlung der Hadith waltete, war so groß, dass diese Sammlung keinen Vergleich mit denen einer jeden anderen Religion zu scheuen braucht. Auch die Juden haben eine Sammlung von Hadith. Indes waren gerade jene, die sich gegen Jesus Christus[as] richteten, jene Leute, die fest an diese Sammlung glaubten und danach handelten. Die Juden trugen ihre Sammlung nicht mit der gleichen Sorgfalt zusammentrugen wie die Muslime. Es wäre jedoch grundfalsch, anzunehmen, dass, solange die Hadith nicht gesammelt waren, die Leute nichts über die Anzahl der *Raka't* in den täglichen Gebeten wussten oder sie nicht wussten, wie die *Hadsch* zu vollziehen wäre. Tatsache ist, dass die Tradition in diesen Dingen die Muslime mit allen Gebote und Verbote vertraut gemacht hatte. Man kann also mit Recht behaupten, dass sogar, falls die Hadith überhaupt nicht gesammelt worden wären und sie wurden ja erst eine recht lange Zeit (nach dem Heiligen Propheten[saw]) gesammelt, so hätte die eigentliche Lehre (also der Islam, Anm. d. Ü.) dadurch nicht im Mindesten Schaden genommen; der Heilige Koran und die *Sunna,* wie zuvor dargelegt, hätten allen Erfordernissen gänzlich genügt.

Die Hadith – ohne Zweifel – machten beide noch glänzender und somit wurde der Islam zum Inbegriff von religiösem Licht. Was die Hadith tatsächlich leisteten, war, dass sie Zeugnis sowohl vom Heiligen Koran als auch von der *Sunna* ablegten, und unter all den Gemeinden von Muslimen, die später aufkamen, konnte die wahre Gemeinde anhand der authentischen *Ahadith* großen Nutzen ziehen.
Deswegen ist der rechte Weg der, dass wir uns nicht an die *Ahl-i-Hadith* anlehnen, die die Hadith dem Heiligen Koran vorziehen. Und wenn wir Erzählungen in den Hadith finden, die Aussagen des Heiligen Korans widersprechen, sollten wir uns nicht auf sie verlassen, noch ihretwillen den Heiligen Koran verwerfen. Noch sollten wir einhergehend mit der Ansicht von Maulvi Abdullah Chakralwi die Hadith bloß als eitel und verfälscht bezeichnen. Eher sollten wir den Heiligen Koran und die *Sunna* als Beurteilung für alle Hadith heranziehen, und wo immer sich eine Übereinstimmung eines Hadith mit den beiden findet, sollten wir dies mit großer Freude annehmen.
Das ist der rechte Pfad und gesegnet sind jene, die ihn gehen. Unglücklich ist allerdings der Mensch, der, diese Zusammenhänge nicht achtend, die gesamten Hadith ablehnt."

(Ruhani Khazain, Bd. 19, Seite 209-212)

In Erläuterung des letzten Satzes sagte der Verheißene Messias und Mahdi[as]:

„Mir wurde heute Nacht im Traum ein Baum gezeigt, voll der herrlichsten Früchte, und eine Menschenmenge setzte alles dar-

an, eine kriechende Pflanze darüber klettern zu lassen, ja, sie haben diese sogar aufgesetzt. Diese Pflanze hat keine Wurzel und sieht aus, als sei sie die Pflanze *„Aftimoon"*.[6] Wie die Pflanze den Baum hochkriecht, beschädigte sie fortwährend die Früchte des Baumes, und es scheint, als ob der Baum gebogen und verformt würde, und es ist zu befürchten, dass die Früchte, die der Baum eigentlich tragen sollte, von ihm nun nicht mehr hervorgebracht werden können, ja, einige Früchte bereits verdorben sind.
Darüber geriet ich ins Nachdenken und es betrübte und bekümmerte mich über die Maßen. Ich fragte einen rechtschaffenen und frommen Mann, der in der Nähe stand, was der Baum und die kriechende Pflanze, die dabei war, den Baum in ihren Würgegriff zu bringen, zu bedeuten hätten. Der Mann antwortete: Dieser Baum ist der Heilige Koran, das Wort Gottes, und diese Pflanze, das sind die Hadith und Erzählungen ähnlicher Art, die den Lehren des Heiligen Korans widersprechen oder auf eine Weise dargestellt werden, als würden sie ihm widersprechen. Es ist dieses Übergewicht dieser Dinge, das den Heiligen Koran in seinem Griff hält und dabei ist, ihm großen Schaden zuzufügen."

(Mobahisa Batalvi-wa-chakralvi, Fußnote, Seite 212)

2. Wudhu

„Das hier Geschriebene, wonach durch das Verrichten der Wudhu die Sünden getilgt werden, bedeutet, dass selbst die kleinsten Gebote nicht unberücksichtigt gelassen werden, sondern dass

[6] In Indien vorkommende Schlingpflanze, die andere Pflanzen erwürgt. (Anm. d. H.)

durch das Verrichten dieser Gebote die Sünden getilgt werden."

(Fatahwa Hadhrat Massih-e-Maud[as], Seite 15, 10. September 1935)

3. Zähneputzen

Die „Badr"[7] berichtet am 28. Februar 1907:

„Ihre Heiligkeit (der Verheißene Messias[as]) hat den Gebrauch einer Kaustange recht gern. Zusätzlich zum Gebrauch der Kaustange reinigt er seine Zähne mit verschiedenen anderen Dingen mehrere Male am Tag. So tat es auch der Heilige Prophet[saw]. Deswegen sind die Freunde aufgerufen, der Zahnreinigung gebührende Aufmerksamkeit zu schenken."

4. Sprechen während der Azan gerufen wird

„Al-Hakam" berichtet im Mai 1902, dass einmal, als der *Azan* für das Asr Gebet gerufen wurde, Nawab Sahib und *Masheer Aa'la* (Oberster Ratgeber) als Reaktion darauf verstummten. Der Verheißene Messias[as] sagte:

„Es ist nicht verboten zu reden, während der *Azan* gerufen wird. Wenn jemand etwas zu fragen wünscht, so darf er das mit Vergnügen tun. Manchmal geschieht es, dass die Menschen Fragen haben, sie aber aus dem einen oder anderen Grund nicht stellen. Das Ergebnis davon ist meistens schlecht. Welche Zweifel

---

7 Zeitung in Qadian, Indien. (A. d. H.)

auch immer da sind, sie sollten ohne Zögern und ohne Bedenken geäußert werden. Es ist wie mit einer schlechten Nahrung, die Magenverstimmung verursachen kann."

Sehen wir dazu auch das Geschehen am 17. April 1902, als jemand dem Verheißenen Messias[as] einen Artikel im Zusammenhang mit der Bubo-Krankheit (Lymphknotenschwellung in der Leistenbeuge; A. d. H.) vorlas: während des Vorlesens begann jemand den *Azan* zu rufen , woraufhin er still wurde. Der Verheißene Messias[as] sagte dem Vorleser, dass er seinen Artikel weiter vorlesen sollte.

5. Azan in den Ohren eines Neugeborenen

Auf die Frage der Bedeutung des in die Ohren eines neugeborenen Babys gesprochenen Azans sagte der Verheißene Messias[as]: „Die Worte, die in die Ohren des Babys in diesem Moment eindringen, haben eine große Wirkung auf die Moral. Es ist deswegen eine sehr gute Praxis."

(Al Badr, 28. 3. 1907)

6. Gebet und Glaube

Die „Al Hakam" berichtet am 31. März 1903, dass der Verheißene Messias[as] sagte:

„Derjenige, der das Gebet aufgibt, gibt seinen Glauben auf. Seine Beziehung zu Gott wird lose. Tatsache ist, seit die Muslime das Gebet aufgegeben haben, oder sagen wir, seit sie ihr Gebet darbringen, ohne irgendwelche Liebe dafür aufzubringen, und ohne sich recht seiner Bedeutung bewusst zu sein, hat der Islam an Wert eingebüßt. Früher, als die Muslime noch aus ganzem Herzen beteten, hatte der Islam beinahe die ganze Welt erobert. Aber seitdem sie die Gebete vernachlässigen, gehen sie zugrunde. Ich habe es viele Male erfahren: wann immer ich in Schwierigkeit bin und zum Gebet aufstehe, um Gott zu bitten, das Problem hinwegzunehmen, so bemerke ich oft noch vor dem Beenden des Gebets, dass die Schwierigkeit gelöst oder das Problem bewältigt worden ist."

7. Nafl-Gebet[8] nach dem Azan des Fajr-Gebets

Auf eine Frage bezüglich des *Nafl-Gebets* nach dem *Azan* des *Fajr*-Gebets gab der Verheißene Messias[as] zur Antwort:

„Zwischen dem *Azan* für das *Fajr*-Gebet und dem Sonnenaufgang ist kein anderes Gebet (Nafl) zulässig außer zwei *Rak'at Sunna* und zwei *Rak'at Farz*[9]."

(Malfuzat, Edition 2003, Bd. 5, Seite 138)

[8] Freiwillige Gebete. (Anm. d. H.)

[9] Die *Farz* sind die Pflichtgebete. (Anm. d. H.)

8. Warum nicht hinter Nicht-Ahmadis gebetet wird

(a) Am 20. Februar 1901 wurde der Verheißene Messias[as] gefragt, warum er seinen Anhängern verboten hätte, hinter jenen zu beten, die nicht seine Anhänger waren. Der Verheißene Messias[as] sagte:

„Jene unter den Menschen, die nicht gezögert haben, schlecht zu denken von dieser Bewegung, haben nicht in Taqwa gehandelt (Gottesfurcht oder Rechtschaffenheit). Gott sagt im Heiligen Koran:

إِنَّمَا يَتَقَبَّلُ اللّٰهُ مِنَ الْمُتَّقِيْنَ [10]

D. h. Allah nimmt nur (das Gebet) von den Gottesfürchtigen an. Darum habe ich meinen Anhängern gesagt, sie sollen nicht hinter solchen Leuten beten, deren eigenes Gebet keine Aussicht hat, angenommen zu werden. Seit Urzeiten waren die frommen Menschen immer der Ansicht, dass derjenige, der die Wahrheit verleugnete, seines Glaubens verlustig ginge.

Jene, die nicht an den Heiligen Propheten[saw] glauben, werden als *Kafirs*[11] bezeichnet, diejenigen aber, die nicht an den Mahdi und Messias glauben, verlieren ihren Glauben gleichermaßen; das Er-

---

[10] Sura Al Maedah; 5:28. (Anm. d. H.)

[11] Islamische Terminologie, die vereinfacht mit „Ungläubige“ übersetzt werden könnte. Wiewohl der Unglauben nicht auf die Gottesablehnung reduziert werden darf, sondern allgemein als Leugnung eines wie auch immer definierten Glaubens verstanden werden muss. (Anm. d. H.)

gebnis ist in beiden Fällen dasselbe. Es beginnt mit Ablehnung und Verneinung, geht über in Entfremdung, Feindschaft, Übertreibung (in der Ablehnung; Anm. d. H.) und als letztes wird die Stufe erreicht, auf der der Glaube insgesamt verloren geht. Haltet es nicht für eine unbedeutende Sache. Es ist eine Sache, die den Glauben betrifft; es ist eine Frage von Paradies oder Hölle. Derjenige, der mich zurückweist, weist nicht nur meine Person zurück. Mich ablehnen ist gleichbedeutend mit der Ablehnung von Gott und Seinem Gesandten[saw], denn der, der mich der Lüge bezichtigt, bezichtigt, noch bevor er jenes tut, in Wahrheit Gott Selbst der Lüge. Denn: Er sieht, dass die inneren und äußeren Probleme ihre Grenzen überschritten haben, und trotz der Tatsache, dass Gott ein Versprechen gegeben hat, mit den Worten:

إِنَّا نَحْنُ نَزَّلْنَا الذِّكْرَ وَإِنَّا لَهُ لَحٰفِظُوْنَ [12]

Wahrlich, Wir Selbst haben diese Ermahnung hinabgesandt und sicherlich werden wir ihr Hüter sein

hätte Gott – nach Ansicht des Kritikers – noch immer keine Vorkehrungen getroffen zur Erneuerung dieser Welt?"

(Fatawa Hadrat Masih Maud[as], S. 20-21,Nr. 22, 1935, Al-Hakam 17. März 1906, S. 8)

(b) Am 26. Juli 1902 ist vom Verheißenen Messias[as] berichtet, dass er sagte, seine Anhänger sollten hinter niemandem beten,

[12] Sura Al-Hidschr; 15:10. (Anm. d. H)

der nicht ein Mitglied seiner Gemeinde wäre. Er ergänzte weiter, dass das für sie tugendhaft wäre und in der Tat darin das Geheimnis von Sieg und Fortschritt der Bewegung läge. Er sagte auch, dass Gott ihnen nicht länger die Vorzüge gewähren würde, die Er ihnen ansonsten zu schenken pflegte, wenn seine Anhänger sich mit anderen mischten.

(Fatawa Hadrat Masih Maud[as]*, S.23-24, Nr. 23, 1935, Al-Hakam 10. August 1901, S.3)*

9. Sich vom Platz bewegen während des Gebets

Der Verheißene Messias[as] wurde am November 1904 gefragt: „Wenn ein Ahmadi (in einem Zimmer) im Gebet ist und sein Chef an die Tür klopft und vehement an sie rüttelt, um den Schlüssel für das Büro oder die Sanitätsstation zu erbitten, was sollte dieser (Ahmadi) tun?" Dem Verheißenen Messias[as] wurde ferner berichtet, dass eine Person bereits wegen Nicht-Antwortens in ähnlicher Situation seines Postens enthoben wurde und zurück nach Indien musste. Der Verheißene Messias[as] sprach:

„Die Umstände erforderten, dass er die Tür hätte öffnen und dem Chef den Schlüssel hätte geben sollen. Dies ist ein Vorfall, der sich in einem Krankenhaus ereignete. Ja, falls wegen seines Versäumnisses jemand (für den das Medikament benötigt wurde) gestorben wäre, so hätte er eine große Sünde auf sich geladen. Vom Heiligen Propheten[saw] ist überliefert, dass er geäußert habe, dass man durchaus während des Gebets aufstehen und die Türe öffnen könne; dies würde das Gebet nicht ungültig machen. Ebenso, falls ein Kind in Gefahr ist, oder ein wildes oder giftiges Tier in Sichtweise ist, das dem Kind gefährlich werden könnte, dann ist es vertretbar, dass während dem Gebet das Tier getötet und das Kind gerettet wird; dies macht weder das Gebet unwirksam noch ist es eine Sünde. Einige Menschen sind sogar zu der Auslegung gelangt, dass, falls man ein Pferd angebunden hat, und während man sich im Gebet befindet es das Seil löst und nun frei ist, man es wieder anbinden dürfe, und dass dies ebenfalls das Gebet nicht verderbe. Denn, soweit es das Gebet betrifft, kann es ohnehin innerhalb der dafür vorgesehenen Zeitspanne wiederholt werden."

Anmerkung: Natürlich muss stets beherzigt bleiben, dass von dieser Erlaubnis nur in sehr heiklen Situationen Gebrauch gemacht werden darf. Man sollte niemals die Bedeutung des Gebetes aus geringem Anlass herabsetzen. Man sollte das Gebet nicht als etwas Nebensächliches machen. Es ist streng untersagt, sich während des Gebets durch andere Dinge abzulenken. Gott hat genaue Kenntnis der Beweggründe aller Menschen, so, wie sie in ihren Herzen verborgen liegen.[13]

(Malfuzat, Edition 2003, Bd. 4,Seite 193-194)

10. Das Rezitieren einer langen Sura im Gebet

Jemand berichtete dem Verheißenen Messias[as], dass ein gewisser Imam lange Suren im Gebet rezitierte. Der Verheißene Messias[as]

[13] Diese Anmerkung stammt vom Verfasser des Berichts.

äußerte dazu: „Er sollte den Schwachen unter den Menschen, die er im Gebet leitete, entgegekommen."

(Malfuzat, Edition 2003, Bd. 4 Seite 264)

11. Derjenige, der hinter einem Nicht-Ahmadi betet

Dem Verheißenen Messias[as] wurde berichtet, dass eine ganz bestimmte Person unter seinen Anhängern gelegentlich hinter Nicht-Ahmadis betete. Und bisweilen hatte dieser auch die Gebete der Ahmadis zu leiten. Daraufhin wurde der Verheißene Messiasas gefragt, ob es erlaubt sei, dass man hinter ihm betete, wurde der Verheißene Messias[as] gefragt. Der Verheißene Messias[as] sagte diesbezüglich:

„Wenn er nicht bereut, sollten die anderen Ahmadis nicht mehr hinter ihm beten."

(Al Badr, 23. 5. 1907)

12. Eine Moschee mit einem Haus verbinden

Eine gewisse Person schrieb dem Verheißenen Messias[as] dahingehend, dass sein Großvater einen Teil seines Hauses als Moschee vorgesehen hatte und dass dieser Teil nun nicht mehr als solcher genutzt wurde. Er fragte dann, ob dieser Teil des Hauses nicht wieder mit dem Rest des Gebäudes verbunden werden könnte, d. h. ob es als Teil des Hauses benutzt werden könnte. Der Verheißene Messias[as] sagte:

„Ja, es darf wieder verbunden werden."

(Al-Hakam, 17. Oktober 1907; Malfuzat, Bd. 2, Seite 318)

13. Bittgebet in der eigenen Sprache

Die „Badr" vom 2. Juli 1904 verzeichnet die folgende Antwort des Verheißenen Messias[as] auf die Frage: „Ist es während des Gebetes erlaubt, in seiner eigenen Sprache zu beten?"

Der Verheißene Messias[as] sagte: „Alle Sprachen sind von Gott erschaffen. Es ist sehr wichtig für die Menschen, dass sie sich an Gott in ihrer eigenen Sprache (der Sprache, die sie bestimmt besser können als irgendeine andere Sprache) während des Gebets wenden. Das wird eine bessere Wirkung in ihren Herzen haben und wird sie befähigen, in ihnen Demut und Ehrfurcht zu entwickeln. Das Wort Gottes jedoch sollte in Arabisch rezitiert werden, indes muss man sich seiner Bedeutung bewusst sein, und das Bittgebet sollte in der eigenen Sprache dargebracht werden. Solche Leute, die die rituellen Gebete schnell beenden und dann niedersitzen und zu Gott flehen, ignorieren die Tatsache, dass die beste Gelegenheit, sich Gott zu ergeben, gerade während des rituellen Gebetes gegeben ist."

(Malfuzat, Edition 2003, Bd. I, Seite, 509)

14. Gebet mit dem Plural versehen

Der Imam einer bestimmten Moschee fragte den Verheißenen Messias[as], ob er nicht den in gewissen Gebeten im Wortlaut vorkommenden Singular in den Plural verwandeln könnte, um die hinter ihm Betenden dadurch mit einzubeziehen. Der Verheißene Messias[as] sagte:

„Bei den Gebeten, die im Heiligen Koran erwähnt sind, sind keinerlei Veränderungen erlaubt, da sie das Wort Gottes darstellen. Sie sollen in ihrem ursprünglichen Wortlaut rezitiert werden. Die aus den Hadith entnommenen Gebete hingegen, dürften vom Singular in den Plural gelesen werden."

(Malfuzat, Edition 2003, Bd. 5, Seiten 193-194)

15. Bittgebete nach den Gebeten

(a) Vom Verheißenen Messias[as] wird in der „Badr" vom 1. Mai 1903 berichtet, dass er sagte:

(a) „Heutzutage beenden die Leute ihre rituellen Gebete in Hast, um danach niederzusitzen und lange Bittgebete zu sprechen. Das ist eine Neuerung. Ein Gebet, währenddessen man sich nicht selbst demütigt und in dem man sich nicht an Gott wendet, ist gar kein Gebet. Ein echtes Gebet ist es, wenn man, während es beginnt, die wahre Freude fühlt. Man sollte vor Gott in der Art stehen, dass sich das Herz selbst öffnet, so, wie es das tut, wenn es in echten Schwierigkeiten ist."

(b) „Wann immer der Heilige Prophet, Friede sei auf ihm, zu Gott beten wollte, so machte er die Wudhu und stand im Gebet, indem er Gott nach allem fragte, was er brauchte."

(c) Einst wurde der Verheißene Messias[as] von einem Fürst aus Kabul erzählt, der ein Mausoleum in Ajmer mit Schuhen betrat. Mit diesen Schuhen, die er überall trug, betete er, ohne sie auszuziehen. Die Aufseher des Mausoleums äußerten darüber ihr Missfallen. Der Verheißene Messias[as] sagte:

„Der Fürst von Kabul tat das Richtige. Das islamische Gesetz untersagt nicht das Beten in Schuhen."

(Al Badr, 11.4.1907)

16. Das Gebet vor dem Imam beenden

In der Badr vom 2. 5. 1907 wird berichtet, dass am 26. April 1907 eine große Anzahl von Menschen in einer Moschee war und jemand das *Takbir* des Imams signalisierte, um den Leuten in den hinteren Reihen zu zeigen, welche Haltung der Imam gerade einnahm. Als alle für das *Attahiyyat* saß und ihr *Attahiyyat* und *Darud* beendet hatten, und der Imam das *Salam* sagen wollte, um das Gebet zu beschließen, dachte der Mann, der das *Takbir* übertrug, dass der Imam schon das *Salam* gesagt hätte. Deswegen sagte er das *Salam* und beendete das Gebet. Die Leute hinter ihm machten es ebenso. Einige Leute begannen, das *Sunnat-Gebet* darzubringen. Wenig später bemerkte der Mann seinen Fehler, und als der Imam selbst *salam* sagte, wiederholte der Mann es ebenfalls. Das verursachte ein Durcheinander, und die Menschen wollten wissen, ob ihr Gebet nun hinfällig geworden wäre oder nicht. Sahibzada Mahmud Ahmad[ra] war auch dort. Als Leute ihm diesen Vorfall berichteten, sagte er ihnen, das es dem Verheißenen Messias[as] bereits nahegebracht worden war, und dass dieser sagte, wenn so etwas geschähe, nachdem die Rezitation des *Attahiyyat* beendet ist, so wäre das Gebet nicht ungültig. Man müsste das Gebet dann nicht wiederholen.

17. Sura Fateha hinter dem Imam

Der Verheißene Messias[as] wurde gefragt, ob es nötig sei, die Sura Fateha zu rezitieren, wenn das Gebet durch einen Imam geleitet werde. Der Verheißene Messias[as] sagte:
„Ja, es ist nötig."

(Malfuzat, Edition 2003, Bd. 5, Seite 324)

18. Gebet – eine spirituelle Freude

(a) Der Verheißene Messias[as] wurde gefragt, was getan werden sollte, wenn wir gelegentlich bemerken, dass wir das Gebet freudig darbringen, zu anderen Zeiten wiederum nicht.
Der Verheißene Messias sagte, man sollte nicht den Mut verlieren. Man sollte sich im Innersten die Erkenntnis vom Verlust der spirituellen Freude bewusst machen und dann darum kämpfen, sie wiederzugewinnen. Diese Situation ist mit derjenigen vergleichbar, wenn dir ein Dieb deine Besitztümer stiehlt, was dich zuerst unglücklich macht, dann aber unternimmst du Vorkehrungen, um nicht noch einmal einem Dieb zum Opfer zu fallen. Dabei wirst du aufmerksamer, als je zuvor. In ähnlicher Weise ist es wichtig, dass man wachsam werden sollte gegenüber dem Üblen, das einem die spirituelle Freude gestohlen hat.

Wenn man entdeckt, dass die spirituelle Freude abnimmt, sollte man nicht wie ein Sorgloser dasitzen. Die Freude an den Gebeten zu verlieren, ist ein Zeichen dafür, dass der Glaube gestohlen worden ist, und es ist nichts Geringeres als eine spirituelle Krankheit. Man weiß, wenn jemand krank ist und er den Geschmackssinn verliert, so fängt er sofort an, nach Heilung zu suchen. Auf die gleiche Weise sollte man dann, wenn man die spirituelle Neigung verliert, selbst versuchen, sich zu heilen. Man sollte sich daran erinnern, dass im Herzen so etwas wie eine Quelle der Freude ist, und wann immer ein Mensch eine Sünde begeht, so verunreinigt er diese Quelle und die wahre Freude geht verloren. Wenn man zum Beispiel andere schimpft, oder wenn man aus dem geringsten Grund wütend wird und anfängt zu schimpfen, so fängt man auch damit an, die spirituelle Freude in den Gebeten zu verlieren. Es sollte daran erinnert werden, dass unsere moralischen Kräfte an der Erreichung der spirituellen Freude in hohem Maße beteiligt sind. Wenn die moralischen Kräfte beginnen schwächer zu werden, so verliert man entsprechend an spiritueller Freude. Darum ist es notwendig, nicht zu zweifeln, wann immer man an spiritueller Freude in den Gebeten verliert, sondern man sollte lieber aufs Beste versuchen, das verlorene Gut wiederzugewinnen. Das, was jemand wirklich tun muss, ist bereuen und um Vergebung bitten und mehr Zeit in den Gebeten verbringen. Es ist wie mit einem Menschen, der Alkohol trinkt. Wenn er sich nicht mehr berauscht fühlt durch sein Getränk, so gibt er das Trinken ja deswegen nicht auf, eher trinkt er sogar mehr, bis er endlich wieder berauscht ist. Das ist das Mittel, das man anwenden muss, wenn die spirituelle Freude in den Gebeten verloren ist. Sieht man jene, die in der Erde nach Wasser graben, so sieht man, wie tief sie graben müssen, bis sie auf Wasser stoßen. Jene, die müde werden und das Graben aufgeben, erhalten kein Wasser. Kurzum, für das Erlangen von spiritueller Freude in den Gebeten sollten wir Gott um Seine Vergebung bitten und fortwährend mit Geduld und Hingabe beten.

(b) Am 16. Mai 1902 sandte jemand dem Verheißenen Messias[as] eine Notiz, in der er fragte, wie jemand die Gegenwart von Gott fühlen, und wie jemand die Konzentration des Geistes erlangen könnte. Der Verheißene Messias[as] antwortete, indem er schrieb:

„*Assalamo Alaikum wa Rahmatullahe wa Barakatohu.* Sie sollten für sich selbst während des Gebets beten und nie zufrieden sein mit einem Gebet, das gedankenverloren dargebracht wird. Versuchen Sie, sich zu konzentrieren, und wenn Ihnen das nicht gelingt, sollten Sie zu Gott in jeder *Rak'at* der fünf täglichen Gebete in der Weise beten:

‚O Gott, der Allmächtig ist, ich bin ein Sünder, und das Gift der Sünde hat mein Herz durchdrungen und ist in alle meine Sinne in dem Ausmaß eingetreten, dass ich mich während meines Gebets nicht konzentrieren kann. Vergib Du mir meine Sünden und übersieh meine Fehler und mache mein Herz demütig und verwurzle Deine Herrlichkeit und Deine Liebe in meinem Herzen, so dass mein Herz nicht mehr verhärtet bleibt und ich Deine Gegenwart in meinen Gebeten fühlen kann.'

Dieses Gebet sollte sich nicht nur auf die stehende Haltung beschränken. Sie sollten es auch während der Ruku und der Niederwerfung sprechen und nach der Rezitation des *Attahiyyat.* Sie sollten es in Ihrer eigenen Sprache sprechen und sollten nie nachlassen, dies zu tun. Mit Geduld und Standhaftigkeit sollten Sie in den fünf täglichen Gebeten damit fortfahren und auch während des *Tahadschud-Gebets.* Sie sollten viel um Vergebung Ihrer Sünden bitten, weil das Herz sich durch Sündhaftigkeit verhärtet. Wenn Sie dies tun, wird eine Zeit kommen, in der Sie Ihr gewünschtes Ziel erreichen werden. Auch sollten Sie sich stets Ihren Tod vergegenwärtigen und versuchen zu erkennen, dass der Tage, die noch bleiben, sehr wenige sind, und dass der Tod schnell näher rückt. Das ist die Methode, die Gegenwart Gottes während der Gebete zu spüren."

(Al-Hakam, 24. Mai 1904)

19. *Dalaa-i-lulkhairat* und andere *Wazaif-Gebete*[14]

Der Verheißene Messias[as] wurde gefragt, ob es schaden würde, wenn man das *Dalaa-i-lulkhairat*, ein Buch über *Wazaif,* das nur Lobreden auf den Heiligen Propheten (Friede und Segnungen seien auf ihm) und das Gebet für ihn enthält, rezitieren würde. Der Verheißene Messias[as] sagte:

„Man sollte den Heiligen Koran sehr oft rezitieren und wo immer man an eine Stelle kommt, die ein Gebet enthält, sollte man

[14] *Wazaif* ist der Plural von *Wazifa;* Rezitation einiger Verse des Heiligen Koran und anderer Worte für eine bestimmte Zeit, um ein Ziel zu erreichen. (Anm. d. H.)

beten und Gott darum bitten, dass einem das gewährt wird, worum in diesem Gebet gebeten wird. Und wann immer man an eine Stelle kommt, in der der Zorn Gottes für die Übeltäter erwähnt wird, sollte man Gott darum bitten, Schutz und Zuflucht zu erhalten, dass man vor jenen schlechten Taten bewahrt wird, aufgrund derer das ebendort erwähnte Volk vernichtet wurde. Derjenige, der ohne durch Offenbarung unterstützt zu sein dem Buch Gottes einen weiteren Sinn hinzufügt, drückt nur seine persönliche Meinung aus, die auch völlig falsch sein kann. Und wenn so ein Vorschlag obendrein im Widerspruch zu den Hadith steht, ist er lediglich eine Neuerung. Es ist besser, sämtliche Neuerungen zu meiden. Denn genau diese Art von Dingen ist es, durch die der Eingriff in die Scharia erfolgt. Das Beste ist, dass jemand die Zeit, die er mit der Rezitation einer solchen *Wazifa* verbringt, dazu nutzt, um über den Heiligen Koran nachzusinnen. Wenn sich das Herz verhärtet hat, so kann es durch Lesen und Begreifen des Heiligen Korans erweicht werden. Wo immer ein Gläubiger auf ein Gebet im Heiligen Koran trifft, wird sein Herz die dort erwähnte Segnung wünschen. Der Heilige Koran ist wie ein Garten, in dem man eine Sorte Blumen von der einen Stelle pflückt und eine andere von einer anderen Stelle. Es ist ratsam, dass die Menschen versuchen, nach der jeweils sich bietenden Gelegenheit ihren Nutzen aus jeder dieser Stellen zu ziehen und nichts hinzufügen. Sie würden sonst nur über das Hinzufügen (zur Religion; A. d. Ü.) zur Verantwortung gezogen werden. Wer hat außer Gott die Macht, zu behaupten, dass, wenn man die Sura Yasin so und so rezitiert, einem daraufhin Segnungen zuteil werden und ansonsten nicht. Allein Gott."

(Malfuzat, Edition 2003, Bd. III, Seite 519)

20. Das beste *Wazifa*

Auf die Frage, was das beste Wazifa sei, ist vom Verheißenen Messias[as] in der Al-Hakam am 10. August 1901 die Antwort überliefert:

„Es gibt kein besseres Wazifa als das Gebet, weil es die Lobpreisungen Gottes enthält, die Bitte um Vergebung der Sünden und das Darud. Das Gebet ist in der Tat eine Sammlung aller *Wazaif* und *Auraad*[15]. Es kann alle Sorgen vertreiben und alle Probleme lösen. Wann immer den Heiligen Propheten[saw] auch nur das Geringste bedrückte, stand er auf zum Gebet. Im Heiligen Koran steht auch:

أَلَا بِذِكْرِ اللّٰهِ تَطْمَئِنُّ الْقُلُوبُ [16]

‚Es gibt nichts, dass das Gebet darin übertrifft, dem Herzen Trost und Zufriedenheit zu spenden.'

Die Menschen haben so viele *Wirds* und *Wazaif* erfunden und

---

[15] *Auraad* ist der Plural von *Wird*. Als *Wird* wird das Gedenken Allahs bezeichnet. (Anm. d. H.)

[16] Sura Ar-Rad; 13:29. (Anm. d. H.)

damit eine große Zahl ihrer Anhänger fehlgeleitet. Sie haben so eine neue Scharia erfunden, im Gegensatz zu der vom Heiligen Propheten[saw] gebrachten. Ich werde beschuldigt, den Anspruch zu erheben, ein Prophet zu sein, aber ich sehe mit Erstaunen, dass meine Ankläger eine Scharia erfunden haben und selbst als Propheten auftreten und die Welt in die Irre führen. Sie haben die Menschen derart mit den *Wirds* und *Wazaif* beschäftigt, dass die Scharia des Islam und die Anweisungen dabei völlig missachtet worden sind. Es gibt einige, die sind so verrannt in diese *Wirds* und *Wazaif*, dass sie sich nicht einmal mehr um die täglichen Gebete richtig kümmern. Von Maulvi Sahib [Hadhrat Maulvi Nurudin, der der erste Khalif nach dem Tod des Verheißenen Messias wurde; Anm. d. H.] habe ich gehört, dass es sogenannte religiöse Führer gibt, die ihren *Wazaif* Mantras[17] der *Shaktis*[18] hinzufügen. Ich bin der Meinung, dass das Gebet das beste *Wazifa* ist. Man muss das Gebet mit ganzer Aufmerksamkeit darbringen und während man betet, muss man wissen, was man spricht. Nach den feststehenden Gebeten sollte man auch in der eigenen Sprache beten. Das gibt einem große Zufriedenheit und Seelenfrieden. So Gott will, werden einem all seine Schwierigkeiten genommen. Das Gebet ist ein Vermächtnis zur Vergegenwärtigung Gottes und darum sagt Gott im Heiligen Koran:

أَقِمِ الصَّلٰوةَ لِذِكْرِي [19]

[17] Verse aus der Vedas, dem Heiligen Buch des Hinduismus. (Anm. d. H.)

[18] Eine Form des Hinduismus, die sich auf die weiblichen Götter bezieht. (Anm. d. H.)

[19] Sura Taha; 20:15. (Anm. d. H.)

‚Darum bete mich an und verrichte das Gebet zu Meinem Gedächtnis.‘ (Sura Taha, Vers 15)

(Malfuzat, Edition 2003, Bd. III, Seite 310-311)

21. Verkürzen des Gebets

(a) Der Verheißene Messias[as] wurde gefragt, ob jene, die nach Qadian gekommen sind, ihre Gebet kürzen sollten. Die Antwort, die er gab, lautete:

„Demjenigen, der für drei Tage hierherkommt, ist das Kürzen seiner Gebete gestattet. Meiner Meinung nach erlaubt jeder Ortswechsel, der in der Absicht zu Reisen gemacht wird – auch wenn die Entfernung nur zwei, drei oder vier Meilen beträgt –, dass die Gebete während der Dauer verkürzt werden. Natürlich ist unser Spaziergang keine Reise.[20] Ja, sollte ein Imam an dem Ort ansässig sein, zu den man geht, so muss man das komplette Gebet hinter ihm darbringen.“

(Al-Badr, 1.9.1904)

(b) Bei einer anderen Gelegenheit äußerte er:
„Die Reisen von Beamten darf man nicht als Reie bezeichnen. Es ist einem Rundgang in einem Garten gleichzusetzen. Man sollte das Gebet nicht ohne triftige Gründe kürzen. Wenn jene, die auf Dienstreisen sind, beginnen, ihre Gebete zu kürzen, so hieße das,

[20] Während dieses Gesprächs befand sich der Verheißene Messias[as] auf einem Spaziergang. (Anm. d. H.)

dass sie sie immer kürzten. Nichts im islamischen Gesetz fördert diese Handlung. Beamte können also nicht zu den Reisenden gezählt werden."

(Malfuzat, Edition 2003, Bd. III, Seite 227)

22. Verschränken der Arme während der Gebete

In Beantwortung eines Briefes von Nawab Muhammad Ali Khan schrieb der Verheißene Messias[as]:

„Obwohl es kein einziges Hadith gibt, auf das sich das Hängenlassen der Arme stützt, und auch wenn wir annehmen, dass das Verschränken der Arme natürlich und dienlich ist für das Herz, um sich zu ergeben, so wird das Gebet von jemandem, der mit hängenden Armen betet, dennoch nicht ungültig. Die Malikiten beten genauso wie die Schiiten mit herabhängenden Händen. Das Verschränken der Arme stimmt allerdings mit der Praxis des Heiligen Propheten[as] überein."

(Fatawa Hadhrat Massih-e-Maud, Seite 46, entnommen aus Fikah Ahmadiyya, Seite 76)

23. Gebet in der eigenen Sprache

Der Verheißene Messias[as] sagte:

„Man sollte das Gebet nicht in der eigenen Sprache darbringen. Die Sprache, in der der Heilige Koran offenbart wurde, sollte nicht abgelegt werden. Wir können allerdings unsere Bedürfnisse vor Gott in unserer eigenen Sprache darbringen, nachdem das festgesetzte Gebet dargebracht wurde. Aber denkt daran, nie die ursprüngliche Sprache des Heiligen Korans abzulegen. Schaut auf die Christen. Sie verließen die ursprüngliche Sprache, und was hat es ihnen gebracht? Sie haben alles verloren."

(Malfuzat, Edition 2003, Vol. II, Seite 216)

24. Bittgebet nach dem Gebet

Die Al-Hakam vom 24. Oktober 1902 berichtet, dass jemand, der von weither gekommen war, den Verheißenen Messias[as] nach den Bittgebeten nach den Gebeten fragte. Der Verheißene Messias[as] sagte.

„Weder bin ich gegen Bittgebete, noch habe ich meinen Anhängern verboten, sie zu beten. Ich selbst bitte zu Gott. Tatsache ist, dass das rituelle Gebet selbst bereits eine demütige Bitte ist. Aber ich habe meinen Anhängern gesagt, dass die Menschen in diesem Land den Gebeten nicht die volle Aufmerksamkeit schenken. Sie beenden ihre Gebete in Eile, als ob sie eine Steuer wären, die sie mit Widerwillen gezahlt haben, wohingegen das Gebet doch eine Handlung ist, die zu unserer Freude beiträgt. Die Mehrzahl der Muslime bringt ihre Gebete so dar, dass sie sich nicht konzentrieren und deshalb nicht die Gegenwart Gottes erfahren. Ich habe meinen Anhängern gesagt, dass sie nicht in einer Weise beten sollen, die nicht die höchste Konzentration verlangt. Vielmehr sollten sie ihren Gebeten angemessene Aufmerksamkeit widmen, so dass sie zu ihrer spirituellen Freude beitragen können. Die anderen Muslime, von denen ich vorher gesprochen habe, beenden ihre rituellen Gebete in Hast und sitzen dann, um an Gott ihre Bitten zu richten, und dies tun sie dann für eine ziemlich lange Zeitspanne. Tatsächlich wird das Gebet (das die *Mi'raj*[21] der Gläubigen darstellt) dargebracht, um Gott demütigst zu bitten, und genau darum wird ja أُمُّ الْأَدْعِيَة – die *Mutter der Bittgebete*, nämlich das – اِهْدِنَا الصِّرَاطَ الْمُسْتَقِيْمَ – während des Gebetes stets rezitiert."

Der Verheißene Messias[as] führte bezüglich der Wichtigkeit des Gebetes weiter aus und lenkte die Aufmerksamkeit des Fragenden auf die Tatsache, dass das Bitten im Anschluss an das eigentliche Gebet letztendlich nur eine Neuerung wäre.

(Malfuzat, Edition 2003, Band 2, Seite 345-346)

25. Koran-Verse während Ruku und Niederwerfung

Auf die Frage, ob Verse des Heiligen Korans oder Gebete, die darin enthalten sind, während *Ruku* und Niederwerfung rezitiert werden dürfen, antwortete der Verheißene Messias[as]:

„Die Haltung in *Ruku* und Niederwerfung sollen die Demut seitens des Menschen verdeutlichen und das Wort Gottes ist voller Erhabenheit. Im Übrigen erwähnen die Bücher der Hadith

[21] Der Höhepunkt der Spiritualität. (Anm. d. H.)

an keiner Stelle, dass der Heilige Prophet[saw] Verse des Heiligen Korans oder darin enthaltene Gebete während *Ruku* oder Niederwerfung je rezitiert hätte."

(Malfuzat, Edition 2003, Bd. III, Seite 240)

26. Beten in der Moschee von Widersachern

Dem Verheißenen Messias[as] wurde von einigen seiner Anhänger erzählt, dass sie das Besitzrecht an einer Moschee mit Nicht-Ahmadis teilten und dass jene (die Nicht-Ahmadis; Anm.d. Ü.) ihnen nicht erlaubten, in der Moschee zu beten. Dann wurde er gefragt, ob sie vor Gericht gehen könnten, um einen Urteilsspruch zu erlangen, der ihnen das Beten in der Moschee erlaubte. Der Verheißene Messias[as] sagte:

„Ja, wenn ihr gemeinsames Besitzrecht habt, dann dürft ihr vor dem Gericht einen Rechtsstreit führen. Aber denkt daran, dass es verboten ist, jemanden zu bekämpfen, und darum solltet ihr den Gegnern keinesfalls feindselig gegenübertreten."

(Malfuzat, Edition 2003, Bd. III, Seite 235)

27. Der Heilige Koran in einer Raka'at

Die Badr vom 19.6.1903 berichtet vom Verheißenen Messias[as], dass er äußerte:

„Dies ist Sünde und jene (die den Heiligen Koran in einer Raka'at rezitieren; Anm. d. Ü.) betreiben nur eitle Prahlerei. Es ist, wie wenn Meister eines Berufes mit ihren Fähigkeiten prahlten. Der Heilige Prophet[saw] tat so etwas nicht, obwohl er dazu in der Lage gewesen wäre. Er rezitierte stets nur kleinere Suren."

(Malfuzat, Edition 2003, Bd. III, Seite 333)

28. Bild und Gebet

Der Verheißene Messias[as] wurde gefragt, ob ein Abbild das Gebet beeinträchtigte. Er antwortete:

„Wenn wir von Bildern den gleichen Gebrauch machen wie die Ungläubigen, dann wird das Bild selbst zu einer verbotenen Sache. An sich ist das Bild nicht verboten (d. h. nur der falsche Gebrauch davon ist verboten; Anm. d. Ü.). Wenn das Bild selbst verboten gewesen wäre, denkt ihr nicht auch, dass das Geld in euren Taschen das Gebet ungültig machen müsste? Wenn man sagt, dass dann, wenn man einen Geldschein bei sich trägt, dies unter die Kategorie „Unvermeidliches" fällt, so frage ich, wenn man während des Gebets Stuhlgang hätte, würde man dies ebenfalls als „unvermeidlich" bezeichnen, und würde dies das Gebet nicht ungültig machte und müsste man nicht eine erneute Waschung vornehmen?
Es ist so, dass man immer auf die konkrete Verwendung des Bildes achten muss. Dient es einem religiösen Zweck? Wenn man Bilder einfach so bei sich hat, so würde ich dies *„laghv"* (verpönt) nennen, und über *„laghv"* sagt Gott im Heiligen Koran –

وَالَّذِينَ هُمْ عَنِ اللَّغْوِ مُعْرِضُونَ[22] – , dass die Gläubigen es meiden. Deswegen sollte man es auch tunlichst vermeiden. Wenn das Abbild jedoch einem religiösen Zweck dient, dann ist es nicht verboten. Gott sieht es nicht gerne, wenn bestimmte Wissensgebiete verlorengehen. Ich selbst zeichnete beispielsweise einst ein Bild der angeblichen Dreieinigkeit der Christen, indem ich den Heiligen Geist in Gestalt einer Taube darstellte; der Vater und der „Sohn" wurden ebenfalls einzeln dargestellt. Meine Absicht war, nach der Ablehnung der Dreieinigkeit zu zeigen, dass der Gott, der im Islam dargestellt ist, der echte Gott ist. Er ist Ewiglebend, Selbstbestehend, Unveränderbar und fern von jeglicher Verkörperung. Wenn somit ein Bild einem religiösen Zweck dient, ist es nicht verboten, weil kein Einwand gegen die Dinge, die der Scharia dienen, erhoben werden kann."

Des Weiteren sagte er:

„Es ist berichtet, dass Moses alle Bilder der Propheten mit sich führte, und als die Gefährten des Heiligen Propheten[saw] zu Cäsar nach Rom gingen, sahen sie bei ihm ein Bild des Heiligen Propheten[saw]. Man sollte deswegen daran denken, dass das Bild selbst nicht verboten ist, wohl aber der falsche Gebrauch desselben. Jene, die auf eine *laghw-Weise*[23] Bilder besitzen und malen; dies ist haram. Das Gesetz der Scharia erlaubt dieses in gewissen

[22] „Und die sich fernhalten von allem Eiteln." (Sura Mominun; 23:4 - Anm. d. H.)

[23] *Laghw* wird gelegentlich mit „eitel, unnütz, verpönt" übersetzt. In diesem Fall ist gemeint, dass der Besitz und das Malen von verdorbenen und blasphemischen Bildern verboten ist. (Anm. d. H.)

Fällen, während es sie in anderen Fällen verbietet. Wie zum Beispiel Fasten während des Fastenmonats *halal* (erlaubt; Anm. d. Ü.) ist, während es am Tag des Id *haram* (verboten; Anm. d. Ü.) ist. Jene, die diese Dinge nicht im Auge behalten, verhalten sich wie Ungläubige.

Es gibt zwei Arten der Rechtswidrigkeit (in der Scharia). Eine, bei der etwas an sich verboten ist und zum zweiten etwas, das einen bestimmten Gebrauch von etwas verbietet. Zum Beispiel ist das Schwein an sich verboten, ob es im Wald lebt oder sonst wo, ob es weiß oder schwarz ist oder klein oder groß. Jede Art von Schwein ist verboten. Dies stellt ein grundsätzliches Verbot dar. Die andere Art, die Rechtswidrigkeit hinsichtlich des Gebrauchs, kann am folgenden Beispiel besser verstanden werden:

Wenn jemand schwer arbeitet und Geld verdient, so ist das rechtsmäßig, wenn er aber in ein Haus einbricht und dort ebensoviel Geld stiehlt oder es etwa durch Glücksspiel erwirbt, so ist dies natürlich rechtswidrig. Das allererste Hadith bei Bukhari besagt – إنّما الأعمال بالنيّات – , dass die Taten nach ihren Absichten beurteilt werden.

Wenn man von einem Mörder ein Foto macht, damit er wiedererkannt und eingesperrt werden kann, so ist dies nicht nur zulässig, es wäre sogar eine Pflicht, davon Gebrauch zu machen. Ähnlich ist es, wenn jemand ein Foto einer Person verschickt, die den Islam beleidigt, und man ihm sagt, dass er etwas Ungesetzliches getan habe. So etwas könnte nur ein Bösewicht tun. Man muss sich bewußt bleiben, dass der Islam kein Götzenbild darstellt. Er ist eine lebendige Religion. Es tut mir sehr leid sa-

gen zu müssen, dass heutzutage unkluge *Maulvis*[24] den Kritikern des Islam Gelegenheit gegeben haben, um feindselige Kritiken gegen ihn hervorzubringen.
Wisst ihr nicht, dass alles, was ihr seht, eine Widerspiegelung in euren Augen ist und sich dadurch ein Bild formt? Es gibt Steine, die die Bilder der Vögel, die über ihnen fliegen, reflektieren. Einer der Namen Gottes ist *Musawwir,* d. h. Der, Der Bilder macht, Der Gestalt und Form gibt – يُصَوِّرُكُمْ فِي الْأَرْحَامِ[25] – ‚Warum erhebt ihr Anschuldigungen aus Unkenntnis'?
Tatsache ist, wie ich vorher gesagt habe, dass die Unrechtmäßigkeit von Bildern eine relative Angelegenheit ist. Zu manchen Gelegenheiten sind Bilder verboten, und zu anderen sind sie es nicht. Wenn die Absicht mit den Regeln der Religion übereinstimmt, so sind sie nicht verboten, andererseits sind sie es."

(Malfuzat, Edition 2003, Band 2, Seiten 171f.)

29. Wenn man einem Gebet während der Ruku hinzutritt

(a) Die Al-Hakam vom 24. Februar 1901 berichtet, dass eines Tages einige Leute die Situation eines Mannes diskutierten, der dem Gebet während der *Ruku* hinzugetreten ist. Die Frage war, ob er die *Rakats,* die der *Ruku* vorausging, als dargebracht zählen könnte oder ob er diese wiederholen müßte.

[24] Islamische Gelehrten. (Anm. d. H.)

[25] „Er ist es, Der euch im Mutterleib bildet." (Sura Al-Imran; 3:7 - Anm. d. H.).

Der Verheißene Messias[as] verwies diese Frage an die *Ulema*[26], die um ihn herum saßen und ausführliche Erklärungen der Ansichten zahlreicher Gruppierungen der Muslime gaben.
Nachdem er sich alles angehört hatte, sagte der Verheißene Messias[as]:

„Meine eigene Ansicht ist

لَا صَلٰوةَ اِلَّا بِفَاتِحَةِ الْكِتَابِ

‚Es gibt kein Gebet ohne die Sura Fateha zu rezitieren‘

Ob jemand im Gebet geführt wird oder alleine betet, er muss die Sura Fateha rezitieren. Der Imam darf sie keinesfalls hastig rezitieren, er sollte sie eher langsam rezitieren, so dass die hinter ihm Betenden seiner Rezitation lauschen und auch ihre eigene Rezitation darbringen können. Wenn er mag, darf der Imam nach jedem Vers eine Weile innehalten, so dass die hinter ihm Betenden während dieser Pause den Vers rezitieren können. Jedoch muss den Anhängern die Gelegenheit gegeben werden, die Sura Fateha zu rezitieren, denn diese Rezitation ist sehr wichtig. Aber wenn es trotz aller möglichen Anstrengungen, die jemand machen konnte, nicht möglich war, die Betenden vor der *Ruku* zu erreichen, so sollte er die *Rak'at* als dargebracht zählen und muss sie nicht wiederholen. Obwohl er die Sura Fateha in dieser *Rak'at* nicht rezitiert hat, sollte er, da wir in den Hadith lesen, dass jener seine *Rak'at* nicht wiederholen muss, sie als dargebracht ansehen.

---

26 Gelehrte. (Anm. d. H.)

Man sollte daran denken, dass es zwei Arten von ausdrücklichen Befehlen gibt. Zum einen sagte der Heilige Prophet[saw], dass die Sura Fateha rezitiert werden muss, weil sie die ‚Mutter des Buches'[27] (des Heiligen Korans) ist, und das ist der wichtigste Teil des Gebets. Aber zum anderen sagte er auch, wenn jemand dem Gebet nicht vor der *Ruku* hinzutreten kann, so sollte er seine *Rak'at* als dargebracht zählen. Die Grundlage der Religion ist Einfachheit und Milde. Deswegen hat der Heilige Prophet[saw] gesagt, dass seine *Rak'at* als verrichtet zählt. In diesem Falle ist er nicht jemand, der bewusst die Sura Al-Fateah nicht rezitieren wollte, sondern lediglich einer, der von dieser Erlaubnis profitiert. Aber hier gilt die Bedingung, dass jener alle Anstrengungen gemacht haben muss, um die Versammlung rechtzeitig zu erreichen.
Gott hat mein Herz derart gestaltet, dass alles, was gesetzwidrig ist, ihm widerwärtig ist, und ich fühle nicht das mindeste Verlangen, mich dem zu nähern. Um auf den Gegenstand der Diskussion zurückzukommen, ist es klar, dass, wenn jemand drei Teile des Gebets dargebracht hat und nur einen Teil versäumt hat, und dies aufgrund unvermeidlicher Umstände, so macht der fehlende Teil nicht viel aus. Jede Erlaubnis, die Gott gewährt hat, soll auch angenommen werden. Natürlich muss jener, der zunächst Gleichgültigkeit gegenüber dem Gebet gezeigt und dann der *Ruku* hinzugetreten ist, sich klar darüber sein, dass sein gesamtes Gebet gänzlich ungültig ist."

(Malfuzat, Edition 2003, Bd. I, Seite 448)

[27] *Ummul Kitab* - ein Name der Sura Fateha. (Anm. d. H.)

(b) Die Al-Hakam vom 30. April 1902 berichtet, dass der Verheißene Messias[as] gefragt wurde, ob ein Ahmadi jenem Imam im Gebet folgen sollte oder nicht, der nichts über seinen (des Verheißenen Messias‘) Anspruch wüsste. Der Verheißene Messias[as] sagte:

„Es ist die Pflicht, ihn über meinen Anspruch zu informieren. Wenn er ihn anerkennt, so ist es in Ordnung, wenn nicht, sollte man sein Gebet nicht verschwenden, indem man hinter ihm betet. Wenn er dazu schweigt (d. h. weder meinen Anspruch akzeptiert noch ihn ablehnt, indem er dagegen ankämpft; Anm. d. Ü.), so zeigt dies nur, dass er ein Heuchler ist. In diesem Fall sollte man gleichfalls nicht hinter ihm beten.“

30. Warum leitete der Verheißene Messias[as] die Gebete nicht selbst?

Der Verheißene Messias[as] wurde gefragt, warum er die Gebete nicht leitete. Er sagte:

„Es ist in den Hadith erwähnt, dass der Messias, der käme, hinter anderen beten würde.

(Al-Badr, 29. 10. 1903)

31. Die Verwendung des Rosenkranz

Der Verheißene Messias[as] beantwortete eine Frage zum Rosenkranz, indem er sagte:

„Der Zweck der Benutzung des Rosenkranzes liegt darin, zu zählen, und man kann gut nachvollziehen, dass derjenige, dessen Aufmerksamkeit auf die Vervollständigung einer verlangten Anzahl gelenkt ist, sich nicht ordentlich konzentrieren kann. Es ist doch vollkommen klar, dass, wenn ein Mensch nur um die Vervollständigung einer geforderten Anzahl besorgt ist, er nichtgleichzeitig wirklich um Vergebung bitten kann. Die Propheten und andere Auserwählte, die immer ganz vertieft in die Liebe zu Gott sind und sich in Ihm verlieren, nie besorgt waren um die Vervollständigung irgendeiner Anzahl. Sagt mir, bestimmen die Menschen irgendeine Anzahl, um den Namen ihrer Geliebten auszusprechen? Ich bin sicher, dass all jene, die eine echte Liebe zu Gott haben und ihre Gedanken auf Ihn konzentrieren, nie ans Zählen denken. Solche Menschen nehmen das Gedenken Gottes als ihre geistige Nahrung an. Je mehr sie von Gott erfragen (d. h. je mehr sie Ihn anrufen; Anm. d. Ü.), desto mehr Freude fühlen sie darin. Aber wenn man eine Zahl festsetzt, um Ihn anzuflehen, dann ist es nicht mehr, als es wohl-oder-übel zu tun."

(Al-Hakam, 10. Juni 1904; Fatawa Masih Maud[as], Seite 61, und Fikah Ahmadiyya, Seite 116)

32. Versäumte Gebete

Der Verheißene Messias[as] wurde von einer gewissen Person, die nicht einmal eines der Gebete während der vergangenen sechs Monate dargebracht hatte, gefragt, ob er jetzt alle Gebete, die er

versäumt hatte, darbringen sollte.
Der Verheißene Messias[as] verneinte, indem er sprach:

„Von den Gebeten, die in der Vergangenheit versäumt worden sind, wird nicht gefordert, sie darzubringen."
(Al-Badr, 24. Dezember 1908 und Fikah Ahmadiyya, Seite 196)

33. Achtung vor der Kaaba

Der Verheißene Messias[as] wurde gefragt, ob man seine Beine in Richtung der Kaaba ausstrecken dürfte. Der Verheißene Messias[as] beschied im negativen Sinne. Des Weiteren bemerkte er, dass das nahelegte, dass man es an Achtung gegenüber der Kaaba mangeln ließe. Der Fragende führte an: „Aber in den Hadith ist es nirgends verboten, so etwas zu tun." Der Verheißene Messias[as] bemerkte, dass dies kein vernünftiges Argument wäre.

„Glaubt ihr", sagte er, „es wäre erlaubt, sich auf den Heiligen Koran zu stellen, nur weil im Hadith nirgends erwähnt ist, dass man das nicht tun dürfe? Ganz sicher ist es nicht erlaubt."

Dann rezitierte er eine Stelle aus dem Heiligen Koran, die so lautet:

وَمَنْ يُّعَظِّمْ شَعَآئِرَ اللّٰهِ فَإِنَّهَا مِنْ تَقْوَى الْقُلُوْبِ [28]

[28] Sura Al Hadsch; 22:33. (Anm. d. H.)

„Derjenige, der die Zeichen Gottes respektiert, tut dies aus Gründen seiner *taqwa* (Gottesfurcht/Rechtschaffenheit, Anm. d. H.)."

(Malfuzat, Edition 2003, Bd. IV, Seite, 78; Fikah Ahmadiyya Seite 236, Al-Badr, 24 Juli 1904)

34. *Wazaif* und spirituelle Musik

Auf Seite 91 der *„Fatawa Ahmadiyya"* steht, dass der Verheißene Messias[as] sagte:

„Die Menschen haben sich nie über die Folgen ihrer Missetaten Gedanken gemacht. Die guten Taten, zu denen der Heilige Prophet[saw] sie angehalten hatte, wurden von ihnen aufgegeben, und sie haben andere selbstgeschaffene Dinge angenommen. Sie erfanden *Wazaif* und *Wirds* und nannten sie dann ‚Gute Taten'. Sie kennen gerade einmal einige Volkslieder, und sie denken, dass das für sie genügt. Sie stellen sich hin und behaupten, spirituell berührt worden zu sein, wenn ihnen Lieder *Bulleh Shahs*[29] vorgetragen werden. Das ist einer der Gründe, warum man kein großes Publikum vorfindet, wenn der Vortrag von den Lehren des Heiligen Korans handelt. Ihre Gleichgültigkeit gegenüber rechtschaffenem Tun und ihre Neigung zu sinnlichen Dingen zeigt, dass sie keinen Unterschied zwischen spiritueller Freude und sinnlichem Vergnügen machen... Ich bin stets überrascht, dass diese Menschen, die diese Arten von Neuerungen errichten, sich selbst Muslime nennen. Warum können sie nicht verstehen, dass, falls diese *Wazaif* und ihre sogenannten spirituellen Lieder

[29] Ein mystischer Punjabi-Dichter, dessen Gedichte unter den Sufis des Punjabs sehr beliebt sind. Der Punjab ist die indische Provinz, in der der Verheißene Messias[as] geboren wurde. (Anm. d. H.)

irgendeine wahre Freude für die Seele bedeuteten, der Heilige Prophet[saw] selbst, der vollkommenste aller Menschen, sie für seine Anhänger nicht eingeführt hätte oder er nichts dergleichen selbst getan hätte. Ich richte meine Frage an das Lager der Gegner, unter denen es eine stattliche Anzahl von *Mashaaikh*[30] und *Gaddi Nashin*[31] gibt und frage sie: Ist es deswegen, weil der Heilige Prophet[saw] alles über *Wazaif* und spirituelle Übungen vergessen hatte? Wenn das der Weg zum Erreichen des Wissens über Gott und zum Erreichen der Wahrheitsquelle ist, warum ließ der Heilige Prophet[saw] sie allesamt aus? Auf der einen Seite liest man im Heiligen Koran:

اَلْيَوْمَ اَكْمَلْتُ لَكُمْ دِيْنَكُمْ وَاَتْمَمْتُ عَلَيْكُمْ
نِعْمَتِيْ وَرَضِيْتُ لَكُمُ الْاِسْلَامَ دِيْنًا ط [32]

„Heute habe Ich eure Religion für euch vollendet und Meine Gunst an euch vollkommen gemacht."

Und auf der anderen Seite erfindet ihr Neuerungen und führt sie ein und versucht indirekt zu beweisen, dass der Heilige Koran kein vollkommenes Buch ist. Auf der einen Seite beschuldigen mich diese ungerechten Menschen, den Anspruch auf ein unabhängiges Prophetentum erhoben zu haben, das so besonders und verschieden vom gesetzbringenden Propheten[saw] sei, und

[30] Wichtige Menschen in religiösen Kreisen der Muslime. (Anm. d. H.)
[31] Nachkomme eines Sufis oder Heiligen. (Anm. d. H.)
[32] Sura Al Maedah; 5:4. (Anm. d. H.)

auf der anderen Seite schauen sie nicht auf ihre eigenen Taten, die gleichbedeutend mit dem falschen Anspruch auf ein neues Prophetentum sind, weil sie so tun, als führen sie eine neue Scharia ein. Lassen Sie mich jene, die gerecht und rechtschaffen sind, fragen, ob ich irgendetwas zur reinen und schönen Lehre des Heiligen Propheten Muhammad[saw] hinzufüge. Tatsache ist, dass meine ganze Lehre aus dem Heiligen Koran stammt und der Heilige Prophet[saw] mein religiöser Führer und Richter ist."

35. Fünf tägliche Gebete und das *Tahadschud*[33]

Am 22. März 1902 wird vom Verheißenen Messias[as] berichtet, dass er aussprach:

„Meine Gemeinde sollte es sich zur Pflicht machen, das *Tahadschud-Gebet* darzubringen, selbst wenn es nur zwei *Rakat* sind. Tatsächlich ist das *Tahadschud-Gebet* eine sehr gute Möglichkeit, um zu Gott zu flehen. Bittgebete zu dieser Zeit sind besonders wirkungsvoll, weil sie dann wirklich aus dem Innersten unserer Herzen kommen. Wisst ihr, außer wenn wir den richtigen Eifer für die Gebete empfinden, fällt es uns nicht leicht, um diese Zeit aufzustehen und den süßen Schlaf aufzugeben. Gerade das Aufstehen zu dieser Zeit erzeugt eine Art von Eifer für das Gebet und lässt fast das Herz zerschmelzen, und das ist die Voraussetzung, die das Gebet wirksam macht. Der Heilige Prophet[saw] brachte acht *Rakat Nafl* und drei *Rakat Witr* dar. Zuzeiten brach-

[33] Freiwilliges Gebet, das im letzten Teil der Nacht, vor dem Sonnenaufgang, verrichtet wird. (Anm. d. H.)

te er das ganze Gebet hintereinander dar, manchmal auch nur zwei *Rakat,* um danach wieder schlafen zu gehen. Dann stand er wieder auf und brachte noch mal zwei Rakat dar und so vollendete er das gesamte *Tahadschud-Gebet* stückweise. Wenn jemand krank ist oder aus anderen Gründen das *Tahadschud-Gebet* nicht beten kann, sollte er zu dieser Zeit aufwachen und um Vergebung bitten durch das Wiederholen des *Istighfar,* und derjenige sollte auch das Darud und die Sura Fateha rezitieren."

(Al-Hakam April 1902, Fatawa Hadhrat Massih-e-Mawood, Seite 71, Fikah Ahmadiyya, Seite 206-208)

36. Hat die Einrichtung des Gebets die Muslime geschwächt?

Einst erfuhr der Verheißene Messias[as] von einem gewissen Oberhaupt, das der Meinung war, dass die Muslime eigentlich geschwächt worden wären durch die Vorstellung, dass man durch das Gebet Schwierigkeiten überwinden könnte. Der Verheißene Messias[as] sagte darauf, dass derjenige, der nicht an die Wirksamkeit des Gebets glaube, überhaupt keinen Glauben an Gott habe. Nur durch das Gebet könne man Gott erfahren.
Der Verheißene Messias[as] sagte:

„In der Tat ist die Zeit gekommen, in der die Menschen an Ihn so oder so glauben sollten."

„Tatsächlich hat Agnostizismus die Welt in seinen Bann geschlagen. Überall spotten die Menschen über den Gedanken des Gebets, und wenn man über das Vertrauen zu Gott spricht oder *,Inscha Allah'* („So Gott will"; Anm. d. Ü.) sagt, während man etwas tut, so machen sich die Leute über einen lustig. Sie schätzen diese Dinge als lächerlich ein. Wenn sie irgendeine Liebe zu Gott hätten, so würden sie sich Seines Namens wegen nicht genieren. Jene, die etwas lieben, möchten immer davon sprechen. Wenn sie denken, dass es keinen Gott gibt, so lasst sie die Tür des Todes schließen, die jetzt noch offen steht. Wie seltsam das ist, dass gerade, wenn wir große Hoffnungen auf Ihn setzen, sie an Ihm verzweifeln. Dabei haben Wir Seine Gnade bitter nötig. Wenn nicht Er es ist, Der unsere Herzen öffnet, so gibt es keinen, der dies zu tun vermag. Er kann einen Hund weise machen, so dass dieser Ihn versteht, genauso wie Er ein menschliches Wesen jeglichen Wissens entblößen kann."

(Al-Hakam, 24.5.1904)

37. Rezitieren des Heiligen Korans

Vom Verheißenen Messias[as] wird berichtet, dass er gesagt hat:

„Man sollte den Heiligen Koran rezitieren und nie an Gott verzweifeln. Man sollte daran denken, dass ein wahrer Gläubiger nie an Gott verzweifelt; nur die Ungläubigen sind es, die an Gott verzweifeln. Unser Gott ist der Allmächtige Gott, Der alles beherrscht. Man sollte auch die Übersetzung des Heiligen Korans lernen und die Gebete mit ganzer Aufmerksamkeit darbringen und versuchen, zu verstehen, was man während des Gebets rezitiert. Man sollte auch in seiner eigenen Sprache beten. Was den

Heiligen Koran betrifft, so sollte man ihn nicht lesen, wie man irgendein anderes Buch liest. Eher sollte man ihn mit der Überzeugung lesen, dass er das Buch Gottes ist. Bezüglich der Gebete sollte man die Gebete darbringen, wie es der Heilige Prophet[saw] zu tun pflegte. Wenn man die vorgeschriebenen Gebete rezitiert hat, sollte man natürlich seine Bedürfnisse in der eigenen Sprache vor Gott darbringen. Es ist kein Unrecht, dies zu tun. Das Gebet ist dadurch überhaupt nicht ungültig. Heutzutage schenken die Leute den Gebeten nicht ihre volle Aufmerksamkeit. Ihre Gebete sind nichts anderes, als ihre Köpfe gegen den Boden zu werfen. Sie beenden ihre Gebete hastig und sitzen dann, um ihre Bedürfnisse vor Gott darzubringen. Kern und Seele des Gebets ist das Bitten (unsere Bedürfnisse vor Gott bringen; Anm. d. Ü.). Die Bedürfnisse vor Gott darbringen, nachdem man aus dem Gebet tritt (nachdem das Gebet beendet ist; Anm. d. Ü.), kann nicht helfen, das Ziel zu erreichen. Es ist so, als wenn ein Mann sich zum König begibt und ihm Gelegenheit gegeben wird, sein Befinden zu erklären mit der Aussicht auf Erfüllung seiner Bedürfnisse, er aber stumm bleibt. Wohingegen er, wenn er aus der königlichen Gegenwart heraustritt, anfängt, eine Bitte vorzutragen. Glaubt ihr, dass ihm dies etwas eintragen könnte? Wohl kaum! Das ist genau der Fall bei jenen, die sich nicht selbst während der Gebete demütigen, noch ihren Gebeten volle Aufmerksamkeit widmen. Was immer man auch von Gott erfragen möchte, sollte man Ihn während des Gebetes fragen und daran denken, so zu beten, dass man alle nötigen Überlegungen im Kopf behält. Gott hat uns ganz am Anfang des Korans ein Gebet gelehrt und uns auch die Regeln des Betens gelehrt. Es ist wichtig, während der

Gebete die Sura Fateha zu rezitieren, es ist gerade dieses Gebet, das uns recht deutlich zeigt, dass die richtige Zeit, um etwas von Gott zu erfragen, die Zeit während des Gebetes ist."

(Malfuzat, Edition 2003, Bd. 2, S. 191f.)

38. Ein bezahlter Imam

In der „Al-Hakam" vom 10. November 1905 wird berichtet, dass der Verheißene Messias[as] sagte, dass der Brauch, einen Imam auf Gehaltsbasis an einer Moschee anzustellen, nach der islamischen Scharia verboten ist.

„Wir finden nicht einen Einzigen unter den Gefolgsleuten des Heiligen Propheten[saw], der jemals ein bezahlter Imam einer Moschee war."

Der Verheißene Messias[as] sagte auch:

„Zu Zeiten passiert es, dass ein Imam direkt zum Obersten Gericht geht, um sein Recht einzuklagen, wenn er von seinem Amt entlassen wird."

Der Verheißene Messias[as] verurteilte Derartiges gänzlich.

39. Warum eine einzige Fotografie?

Auf die Frage, warum eine Fotografie von ihm hergestellt worden sei, wird vom Verheißenen Messias[as] in der „Al-Hakam" vom 24. Oktober 1901 berichtet, dass er bemerkt hat:

„Ich habe es viele Male gesagt, dass der Grund, mich fotografieren zu lassen, der ist, dass ich bestrebt bin, die Botschaft des Islam den Menschen in Europa, speziell den Menschen in London, zu predigen; jedoch beachten diese Menschen das gesprochene oder geschriebene Wort nicht im Mindesten, wenn sie nicht wissen, wer der Mensch ist, der sich da an sie wendet. Und um solchen Menschen zu helfen, diese Person kennenzulernen, ist die Kunst der Fotografie in hohem Maße entwickelt worden. Sie können sich eine Meinung bilden von der Rechtschaffenheit anderer durch bloßes Ansehen der Fotografie. Sie können dasselbe auch hinsichtlich vieler anderer Aspekten des menschlichen Lebens tun.
Das war der tatsächliche Zweck, von mir ein Foto aufzunehmen. Aber jene, die versessen sind, mich in allem, was ich tue, zu bekämpfen, haben es verdreht, um es für ihren Zweck zu benutzen, und sie haben mich feindlich kritisiert; sie haben sogar versucht, andere fehlzuleiten. Wenn sie denken, dass eine Fotografie an sich schlecht sei, warum tragen sie dann die Geldwährung mit sich herum, die Münzen und Scheine, auf denen Bilder abgebildet sind? Besser gesagt, sollten sie dann ihre Augen herausnehmen, denn alles, was sie ansehen, wird in ihnen reflektiert (und somit entsteht ein Bild in ihnen). Diese Einfaltspinsel wollen einfach nicht erkennen, dass die Absicht bei allem, was wir tun, eine große Rolle spielt. Sie lesen:

الأعمال بالنيّات [34]

„Die Taten werden nach ihren Absichten beurteilt."

aber sie verstehen nicht dessen Bedeutung.
Wenn zum Beispiel jemand ein Gebet nur inszeniert, würde dies irgendwie empfehlenswert sein? Jeder von uns weiß, dass solch ein Gebet ihm überhaupt nichts einbringen würde. Eher wird es eine Quelle des Ärgers werden. Bedeutet das jetzt, dass das Gebet an sich etwas Schlechtes ist? Nein. Es ist der schlechte Gebrauch, der ein schlechtes Ergebnis mit sich bringt. Das Gleiche gilt für das Fotografieren. Mein Anliegen, um ein Foto von mir zu machen, ist, es als Hilfe für das Predigen des Islam zu nutzen, und das ist es tatsächlich, was uns in Europa helfen kann."

(Malfuzat, Edition 2003, Bd. I, Seite 556f.)

40. Eine Moschee, erbaut von einer Prostituierten

Der Verheißene Messias[as] wurde gefragt, ob es erlaubt wäre, in einer Moschee zu beten, die von einer Prostituierten gebaut worden ist. Er antwortete, dass dies gar nicht angemessen wäre.

(Malfuzat, Edition, Bd. III, Seite 235)

[34] Sahih Bukhari. (Anm. d. H.)

41. Fotografie des Verheißenen Messias[as]

Maulvi Nazeer Hussain erzählte dem Verheißenen Messias[as] dass er zu fotografieren pflegte, aber stets befürchtete, dass dies unislamisch sein könnte. Des Weiteren sagte er, seit er ein Foto des Verheißenen Messias[as] gesehen hatte, er doch beruhigt ist, dass daran nichts Schlechtes sein könne. Der Verheißene Messias[as] bemerkte, dass alles von den Absichten abhänge.

[35] إِنَّمَا الأعمال بالنيّات

„Unsere Taten gehen von unseren Absichten aus."

Was mich betrifft, so machte ich ein Foto, um es den Menschen in Europa zu schicken, zusammen mit meinen Predigten. Bei ihnen ist es sehr üblich, von dem, worüber sie reden, auch ein Bild zu zeigen. Sie können viele Dinge nur durch das Betrachten eines Fotos erschließen.

Die Muslime, die mich wegen meines Fotos kritisieren, sollten gefragt werden, warum sie Geldscheine bei sich tragen. Wissen sie nicht, dass auf den Geldscheinen ein Bild ist.

Der Islam ist eine weite und freie Religion und alles basiert auf unseren Absichten. Es gab eine gewisse Person, die als prahlerischer Mann zum Schlachtfeld von Badr ging. Der Heilige Prophet[saw] sah ihn und sagte: ‚Es ist nicht gut, so herumzulaufen,

[35] Sahih Bukhari. (Anm. d. H.)

denn Gott hat gesagt:[36] وَلَا تَمْشِ فِي الْأَرْضِ مَرَحًا (d. h. *‚Du sollst nicht hochmütig auf Erden wandeln'*). Aber das Wandeln dieses Mannes in dieser Weise ist in dieser Situation sehr erfreulich vor Gottes Angesicht, weil er doch bereit ist, sogar sein Leben auf Seinem Weg zu opfern und seine Absicht sehr gut ist. Wenn wir jedoch die Absicht aus den Augen verlieren, so sehen wir einer Menge von Problemen ins Gesicht. Genauso ist vom Heiligen Propheten[saw] berichtet, dass er gesagt hat, *‚wer immer seine Beinkleider auf den Boden herunterhängen lässt, wird in die Hölle geworfen werden'.* Als Hadhrat Abu Bakr[ra] davon hörte, begann er Tränen zu vergießen, weil seine Kleidung gewöhnlich herunterhing. Der Heilige Prophet[saw] sagte ihm, dass er nicht unter denjenigen sei, auf die er (der Heilige Prophet[saw]) sich bezogen hatte.
Kurzum, die Absicht spielt bei unseren Taten eine große Rolle.

Maulvi Nazeer Hussain fragte weiter, ob das Fotografieren gut oder schlecht wäre. Der Verheißene Messias[as] sagte:

„Wenn man damit nicht Unglauben und Götzenanbetung Vorschub leistet, ist es zulässig. Dieser Tage ist die Fähigkeit, alles Mögliche anhand von Bildern sich zu erschließen, sehr weit verbreitet."

(Al-Hakam, 24.5.1904)

Die Al-Hakam vom 10. Oktober 1905 berichtet, dass eine gewisse Person das Foto des Verheißenen Messias[as] auf eine käufliche

[36] Sura Bani Israil; 17:38. (Anm. d. H.)

Postkarte aufgedruckt hat. Als der Verheißene Messias[as] davon hörte, sagte er:
„Meiner Meinung nach ist es nicht gut, das zu tun. So werden Neuerungen in die Welt gesetzt"

Der Verheißene Messias[as] bat ihn auch, alle Postkarten zu vernichten, und sagte:

„Es ist eine Beleidigung der islamischen Scharia. Solche Postkarten sollten weder verkauft noch erworben, noch im Hause aufbewahrt werden."

42. Sura Fateha für einen Toten

Der Verheißene Messias[as] wurde zu seiner Ansicht über das Rezitieren der Sura Fateha bei einer Versammlung einige Tage nach dem Tod eines Menschen gefragt. Der Fragesteller sagte auch, dass, da das Rezitieren der Fateha für den Toten im Hinblick auf das Bitten um Vergebung geschähe, vielleicht kein Schaden darin läge.
Der Verheißene Messias[as] sagte:
„Meine eigene Beobachtung ist, dass die Leute sich dort nur mit Geschwätz und Verleumdung beschäftigen (wenn sie sich für die Fateha versammeln; Anm. d. Ü.). Es gibt noch etwas. Und das ist: Machten der Heilige Prophet[saw] oder seine Anhänger oder die großen Imame das Gleiche? Niemand von ihnen tat es. Warum sollte dann eine Tür für Neuerungen geöffnet werden? Ich glau-

be, dass es keinen Bedarf für so was (Rezitieren der Fateha bei einem Toten; Anm. d. Ü.) gibt; es ist verboten!"

(Al Badr, 16. März 1904, Al-Badr, 19. Mai 1907, entnommen aus Fikah Ahmadiyya, Seite 264)

43. *Janaza Ghaib*

Die Badr vom 19. Mai 1907 berichtet, dass der Verheißene Messias[as] sagte:

„Diejenigen, die am *Janaza-Gebet* nicht teilnehmen können, sollten um Vergebung für den Verstorbenen an ihren eigenen Orten bitten, oder sie können dort das *Janaza-Ghaib* darbringen."

(Fikah Ahmadiyya, Seite 253)

44. Janaza eines Märtyrers

Einige Leute unterhielten sich über die Orte, an denen nur eine Ahmadi-Familie lebte und die anderen so feindlich gegen sie eingestellt seien, dass sie bei nicht einem von ihnen das *Janaza-Gebet* darbrächten und sie sogar als Ungläubige bezeichneten.
Der Verheißene[as] Messias hörte dies und sprach:
„Was sollte ein Ahmadi vom *Janaza* haben, wenn es durch solche erbitterten Gegner dargebracht würde? Das *Janaza* ist ein Gebet und das Gebet jener, die schon unter dem Zorn Gottes stehen; was füe eine Wirkung wird es überhaupt habe? Das *Janaza* von

einem Ahmadi-Märtyrer wird von den Engeln selbst dargebracht werden. Ihr solltet solche Leute nicht weiter beachten; und solltet auf euren Gott vertrauen."

(Malfuzat, Edition 2003, Bd. V, Seite 219)

45. *Qul*[37] für die Toten

Der Verheißene Messias[as] wurde gefragt, ob es eine Belohnung gibt für die Verstorbenen, wenn *Qul* am dritten Tag nach dem Tod von jemandem rezitiert wird .
Der Verheißene Messias[as] sagte:

„Die Rezitation von *Qul* hat keine Verankerung im islamischen Gesetz. Natürlich, wenn man für den Verstorbenen betet und für ihn um Vergebung bittet, so wird es ihm schon nützen. Soweit es das *Qul* betrifft, so geht der Lohn in die Taschen derjenigen, die es rezitieren. Wenn sie als die Verstorbenen angesehen werden, so könnte man sagen, dass die Belohnung der *Qul* den Toten gegeben worden ist."

„Ich frage mich, warum diese Menschen ihre Hoffnungen auf nutzlose Dinge gesetzt haben. Die Religion des Islam ist uns vom Heiligen Propheten Muhammad[saw] gegeben worden, und wir finden in seinem ganzen Leben nicht so etwas, wie die Rezitation von *Qul*. Hunderte von Gefolgsleuten des Heiligen Propheten[saw]

[37] *Qul* ist hergeleitet von der Sura Ikhlas, die mit dem Wort Qul anfängt. Hier meint man die Zeremonie, die orthodoxe Muslime einige Tage nach dem Tod eines Menschen abhalten. (Anm. d. H.)

starben zu seinen Lebzeiten, aber eine Rezitation von *Qul* fand nicht statt.
Diese und viele andere Neuerungen wurden hunderte von Jahren nach dem Ableben des Heiligen Prophetensaw eingeführt."

(Fatawa Hadrat Masihe Maudas, S. 89, Nr. 124, 1935)

46. Befragung im Grab

Der Verheißene Messiasas wurde gefragt: „Ist es nur die Seele, die im Grab befragt wird, oder wird die Seele zum Körper im Grab zurückkehren und die Befragung findet dann statt?" Er antwortete:

„Wir sollten den Glauben auf die Tatsache beschränken, dass der Mensch im Grab befragt wird, und alle Einzelheiten Gott überlassen. Es ist eine Angelegenheit zwischen den Einzelnen und Gott, und Er tut, wie es Ihm beliebt. Darüber hinaus hat der Begriff ‚Grab' eine weitere Bedeutung: wenn ein Mensch stirbt, so ist, wo immer er bei Gott aufgehalten wird (d. h. nach dem Zustand des Todes), das das echte Grab. Ob ein Mensch im Fluss ertrinkt oder verbrannt wird, oder auf dem Boden zurückgelassen wird, wo immer er sein könnte, so heißt es, ist er im Grab, nachdem er von dieser Welt gegangen ist. Die Art, wie er befragt wird, weiß nur Gott. Wir sollten uns selbst auf den Tag (der Befragung) gut vorbereiten, anstatt begierig zu sein, Einzelheiten herauszufinden."

(Al-Badr, 14. 2. 1907; Fikah Ahmadiyya, Seite 260)

47. Hören uns die Toten?

Der Verheißene Messias[as] wurde gefragt, ob die Toten uns hören könnten, wenn wir sagen, *„Friede sei auf euch, Bewohner der Gräber“*. (Bezug nehmend darauf, dass der Heilige Prophet[saw] gesagt hat, dass man – السلام عليكم يا أهل القبور[38] – sagen sollte.)
Der Verheißene Messias[as] sagte:

„Natürlich antworten sie uns nicht, indem sie – وعليكم السلام[39] – sagen. سلام *(Salam - Friede)* ist aber ein Gebet und Gott macht es möglich, dass dieses Gebet sie erreicht. Man weiß, dass wir (die Lebenden) Töne hören mit Hilfe der Luft, aber diese Verbindung funktioniert nicht zwischen Lebenden und Toten. Wenn wir jedoch – سلام عليكم – zu den Toten sagen, so übernehmen die Engel die von Gott zugewiesene Rolle. Das gleiche gilt für das Gebet für den Heiligen Propheten[saw]; es erreicht ihn durch die Engel.“

(Fikah Ahmadiyya, Seite 261, Al Badr, 16. März 1904)

48. Die Gräber mit Zement bauen

Der Verheißene Messias[as] wurde von einer gewissen Person, die ihren Bruder verloren hatte, gefragt, ob er das Grab mit Zement bauen dürfte oder nicht.
Der Verheißene Messias[as] sagte:

---

[38] „Friede sei auf euch, oh, Bewohner der Gräber.“ (Anm. d. H.)
[39] „Friede sei auch auf euch.“ (Anm. d. H.)

„Wenn die Leute ihre Gräber zur Schau stellen wollen, indem sie sie aus Zement machen und mit Blumenmalerei versehen, so ist dies gänzlich verboten. Doch wenn jemand wie ein verknöcherter Mullah sagt, dass ein jeder Ziegel, der verwendet wird, ein ungebrannter sein sollte, so ist dies eben sowenig im Sinne des Gesetzes. إنَّمَا الأعمال بالنيّات – d. h. unsere Taten gehen von unseren Absichten aus. Meiner Ansicht nach ist es in bestimmten Fällen durchaus zulässig, die Gräber unter Zuhilfenahme von Zement zu bauen. Wenn zum Beispiel ein Ort so beschaffen ist, dass ein Hochwasser die Gräber fortspülen kann oder Hunde oder wilde Tiere den Leichnam forttragen könnten, so ist es durchaus zulässig, beim Bau der Gräber Zement zu verwenden. Ein Verstorbener verdient es, respektiert zu werden. In solchen Fällen, Prunk allerdings vermeidend, ist es durchaus zulässig, dass die Gräber aus Zement gemacht werden."

(Der Verheißene Messias[as] verwies auch auf die Steingräber des Heiligen Propheten[saw] und vieler rechtschaffener Muslime wie Nizamuddeen, Fariduddeen, Qutbuddeen, Mueenuddeen, möge Gott sich aller erbarmen.)

(Al-Hakam, 17.5.1901; Fatawa Massih e Mawood, Seite 92-93,Fikah Ahmadiyya, Seite 265)

49. Hilfe von den Toten erbitten

Am 14. Mai 1900 hielt der Verheißene Messias[as] eine Rede als Antwort auf die Frage: „Sollten wir bei den Toten um Hilfe bitten?"

In dieser Rede sagte der Verheißene Messias[as], dass er diese Art, um Hilfe zu fragen, verabscheue.

„Nur die Menschen mit schwachem Glauben machen so etwas. Sie verlassen die Lebenden und rufen die Toten an."

Als ein Beispiel führte er das Volk von Joseph[as] an, das an ihn nicht glaubte, solange dieser lebte. Aber kaum war er gestorben, fingen sie an, zu sagen, dass er der letzte Prophet gewesen wäre. Der Verheißene Messias[as] bemerkte weiter, dass Gott uns nirgendwo angewiesen hatte, zu den Toten zu gehen. Andererseits sagte Er: arabisch – d. h.: كُوْنُوْا مَعَ الصّٰدِقِيْنَ *„Seid mit den Wahrhaftigen."* (9:119)
Und er hat uns dadurch dazu aufgefordert, zu den Lebenden zu gehen. Er sagte weiter, dass es genau dieser Grund wäre, weshalb er seine Freunde dazu drängte, zu ihm zu kommen und bei ihm zu bleiben, und Gott weiß am besten, dass er dies nur aus Gnade, Erbarmen und Mitgefühl ihnen gegenüber täte.

(Malfuzat, Edition 2003, S. 339, Bd. I)

50. Wehklagen über den Toten

Die Badr (2. 4. 1905) berichtet, dass der Verheißene Messias[as] sagte:

„Wehklagen über den Toten unter lautem Schreien und Zurschaustellen von Unbeherrschtheit bringt den Menschen in Gefahr, seinen Glauben zu verlieren. Alle diese Gewohnheiten sind von den Hindus entlehnt worden. Die unwissenden Muslime hatten alles über ihre eigene Religion vergessen und nahmen die Bräuche und Praktiken der Hindus an. Nach den Lehren des Heiligen Korans sollten wir stets dann, wenn ein uns nahestehender und lieber Mensch für immer verlässt, nur – إِنَّا لِلّٰهِ وَإِنَّآ إِلَيْهِ رٰجِعُوْنَ – (d. h. *„Wahrlich, Allahs sind wir und zu Ihm kehren wir heim.“ [Heilige Koran; 2:157])* sagen, das bedeutet, dass wir allein Gott gehören, Er hat das Recht, einen jeden von uns abzuberufen, wann immer es Ihm beliebt.

Wenn wir uns nicht zurückhalten können, dürfen wir Tränen vergießen. Aber jemand, der darüber hinaus geht (d. h. der, der über den Toten wehklagt; Anm. d. Ü.), ist ein Satan. Es ist absolut unislamisch, dass Frauen ein volles Jahr trauern und ihre Köpfe gegeneinander schlagen und wehklagen und Unsinn reden und aufhören zu kochen. Das sind alles unheilige Bräuche, die vermieden werden müssen.

(Fatawa Masihe Maud[as], Seite 103, Fikah Ahmadiyya, Seite 264)

51. Niederwerfung vor Anderem als Gott

Die Al-Hakam vom 8.2.1905 berichtet von einem gewissen Anhänger des Verheißenen Messias[as], der aus Kaschmir kam und den Befehl Gottes erfüllen wollte, der da lautet: اسْجُدُوْا لِآدَمَ (d. h. *„Gehorchet Adam“;* 2:35), in wörtliches Bedeutung. Daraufhin fiel er vor dem Verheißenen Messias[as] nieder und drückte seine tiefe Liebe und Zuneigung für ihn aus.

Der Verheißene Messias[as] hob ihn schnell hoch und sagte, dass dies die Wege des Polytheismus wären und vermieden werden müssten.

52. Die Kranken anhauchen

(a) Eine bestimmte Person fragte den Verheißenen Messias[as] nach einem Vers des Heiligen Korans, der rezitiert werden sollte, um dann auf den Kranken zu blasen, damit dieser geheilt würde. Der Verheißene Messias[as] sagte:

„Es gibt keinen Zweifel, dass Heilung im Heiligen Koran liegt, und er ein Heilmittel für körperliche und spirituelle Leiden ist, jedoch kann das Rezitieren der Verse des Heiligen Korans zu dem Zwecke des Auf den Kranken Blasens sich als eine Versuchung für den Menschen erweisen. Man sollte den Heiligen Koran nicht zu solchen Experimenten einsetzen. Ihr solltet für eure Kranken zu Gott beten und das sollte euch genügen."

(Malfuzat, Edition 2003, Bd. V, Seite 65)

Das als Zusatz zu der angemessenen Behandlung, verordnet von einem Arzt. Der Verheißene Messias[as] meinte nicht, dass das Gebet anstelle einer Behandlung eingesetzt werden sollte.

(b) Der Verheißene Messias[as] wurde gefragt, was man am Grab beten sollte. Er antwortete:
„Wir sollten für den toten Menschen beten, dass Gott ihm (oder ihr) seinen spirituellen Rang erhöhen möge und die Sünden vergeben möge, die derjenige in dieser Welt begangen hatte, und

wir sollten auch für die hinterbliebene Familie beten, auf dass Er sich ihnen gnädig zeigt."

(Fikah Ahmadiyya, Seite 259)

53. Beten für die Toten

Der Verheißene Messias[as] wurde erneut gefragt, welches einzelne Gebet (in Arabisch) dargebracht werden sollte.
Er sagte:

„All das sind Förmlichkeiten. Das Gebet, das für einen Verstorbenen ist, sollte zu Gott in der Sprache gebetet werden, die man beherrscht, so dass es mit Eifer entrichtet wird."

(Fatawa Masihe Maud[as], Seite 109, Fikah Ahmadiyya, Seite 259, Al Badr 1906)

54. Das Rezitieren des Heiligen Korans für die Toten

Der Verheißene Messias[as] wurde gefragt, ob der Verstorbene von Gott belohnt würde, wenn die Leute in seinem Auftrag eine milde Gabe geben und für ihn den Heiligen Koran lesen.
Der Verheißene Messias[as] sagte:

„Der Verstorbene wird für die milde Gabe, die in seinem Auftrag gegeben wird, belohnt. Soweit es das Lesen des Heiligen Korans für den Verstorbenen betrifft, so finden wir dies nicht beim Heiligen Propheten[saw]. Stattdessen sollten wir für den Verstorbenen beten. Soweit es die milde Gabe im Auftrag des Verstorbenen und das Beten für ihn betreffen, so ist das die Praxis von 124000 Propheten gewesen. Aber die Gabe, die jemand mit seinen eigenen Händen gibt, ist weitaus besser, weil er dadurch augenfällig beweist, dass er voll des Glaubens ist."

(Al Badr, 17. Januar 1907)

55. *Miladun-Nabi*[saw]

Der Verheißene Messias[as] wurde zu seinen Ansichten über die Feier von *Miladun-Nabi* befragt.

„Soweit es das Gedenken an den Heiligen Propheten betrifft (d. h. Reden halten über sein Leben; Anm. d. Ü.), ist es eine sehr gute Sache. Es vermehrt unsere Liebe zu ihm und inspiriert uns, ihm noch mehr zu folgen. Aus diesen Gründen sind einige Andenken im Heiligen Koran zu finden. Wir lesen dort: وَاذْكُرْ فِي الْكِتٰبِ اِبْرٰهِيْمَ – d. h. *'Erzähle, was in diesem Buch über Abraham steht'*. Aber wenn solche Erinnerungen mit Neuerungen vermischt werden, so werden sie im Islam verboten...

گر حفظِ مراتب نہ کنی زندیقی

'Wenn man die Sachen nicht an seinem Platz belässt, dann ist man wie ein Ungläubiger.'

Man sollte daran denken, dass das Wesentliche im Islam die

Festigung des Glaubens an die Einheit Gottes ist. Ich habe oft beobachtet, dass die Versammelten eines *Milud-Treffens*[40] es so mit Neuerungen vermischten, dass sie eine ansonsten sehr gute Sache verdorben haben. Des Heiligen Propheten[saw] zu gedenken, ist eine gesegnete Sache. Aber unreligiöse Handlungen hinzufügen, ist gegen den Willen Gottes. Wir haben kein Recht, eine neue Scharia einzuführen, aber das machen die Menschen heutzutage. Jeder versucht, die Scharia nach seinen passenden Ansichten zu formen; dies ist, als wenn man selbst eine neue Scharia einführte. Auch hier wieder sind die Menschen weit in die Extreme gegangen. Da gibt es jene, die sagen, dass das Gedenken an den Heiligen Propheten[saw] gänzlich ungesetzmäßig sei. Das ist äußerst unklug von ihnen. Das Gedenken an den Heiligen Propheten[saw] ungesetzmäßig zu nennen, ist eine gefährliche Kühnheit. Tatsache ist, dass die wahre Nachfolge des Heiligen Propheten[saw] dazu führt, dass jemand Gott liebt, und Wir alle sind inspiriert, ihm durch Erinnern zu folgen. Wen auch immer die Menschen lieben, über den sprechen sie."

(Malfuzat, Edition 2003, Band 3, Seite 159-160)

56. Ein Gebet für den Verheißenen Messias[as]

Die Badr vom 6. Juni 1907 berichtet, dass der Verheißene Messias[as] einst einen Brief erhielt, in dem der Schreiber ihm mitteilte, dass er (der Schreiber; A. d. Ü.) zu Gott betete, dass zehn Jahre

[40] Versammlung zum Gedenken der Geburt des Heiligen Propheten[saw]. (Anm. d. Ü.)

seines eigenen Lebens dem Verheißenen Messias[as] gewährt werden sollten, weil sein eigenes Leben für die Verbreitung des Islam nicht so wertvoll wäre wie das des Verheißenen Messias[as]. Dann fragte der Schreiber, ob so ein Gebet zulässig wäre.
Der Verheißene Messias[as] sagte:

„Es gibt nichts Böses darin, eher führt es dazu, dass jemand eine schöne Belohnung verdient."

57. *Istikhara*

(a) Am 8. Juni 1907 sagte der Verheißene Messias[as]:

„Heutzutage haben die meisten Muslime das Ausüben des *Istikhara* aufgegeben, wohingegen der Heilige Prophet[saw] das *Istikhara* zu verrichten pflegte. Die frommen Muslime, die uns vorausgegangen sind, machten davon auch Gebrauch. Agnostizismus hält jetzt bei den Menschen Einzug, sie sind stolz auf ihr Wissen und ihre Bildung und beginnen mit all dem, was sie vermögen. Das Ergebnis davon ist, dass sie in ihren Unternehmungen wegen unvorhersehbaren Kleinigkeiten scheitern und Schaden erleiden; aus Gründen, die jenseits ihres Verständnisses liegen."

(Malfuzat, Edition 2003, Bd. V, Seite 230)

(b) „Soweit es das *Istikhara* betrifft, so war es bestimmt, die schlechten Gebräuche des Polytheismus zu ersetzen, die die Polytheisten vor dem Beginn einer Handlung praktizierten. Jetzt aber haben die Muslime es vergessen obwohl das Istikhara uns einen richtig geleiteten Intellekt garantiert."

(Al-Badr, 13. 6. 1907)

58. *Bai'at* des Verheißenen Messias[as]

Der Verheißene Messias[as] wurde gefragt, ob er das *Bai'at* von anderen Menschen annähme, wie Sufis oder Mashaaikh, oder ob er von Gott beauftragt wäre, dies zu tun. Der Verheißene Messias[as] sagte:

„Ich nehme das *Bai'at* nach der Anweisung Gottes an. Ich habe die folgende Offenbarung auf einem Plakat erwähnt, das von mir veröffentlicht ist: إِنَّ الَّذِيْنَ يُبَايِعُوْنَكَ إِنَّمَا يُبَايِعُوْنَ اللهَ – (*‚Wahrlich, jene, die geweiht sind, dir zur Verfügung zu stehen, sind geweiht, Gott zur Verfügung zu stehen'*)."

(Fatawa Hadrat Masihe Maud[as], S. 117, Nr. 164, 1935)

59. Jene, die den Verheißenen Messias[as] nicht anerkennen

Die Badr vom 24.5.1908 berichtet, dass der Verheißene Messias[as] gefragt wurde, ob jene, die seine Ansprüche nicht anerkennen, Ungläubige wären oder nicht. Der Verheißene Messias[as] sagte:

„Geht und fragt die Maulvis, was sie über jene denken, die nicht an den Verheißenen Messias und Mahdi glauben werden, der ihrer Auffassung nach ja erst noch kommen soll. Ich bin jener Verheißene Messias und Mahdi, der kommen sollte."

60. Der Verheißene Messias[as] schwört, dass er wahrhaftig ist

Am 17. August 1899 überreichte jemand dem Verheißenen Messias[as] ein Briefchen, in dem er ihn fragte, ob er jener Verheißene Messias[as] wäre, der in den Ahadith verheißen worden ist. Der Verheißene Messias[as] wurde gebeten, seinen Schwur zu bestätigen. Ihm wurden ein Stück Papier und ein Federhalter gegeben; es war nach dem Maghrib Gebet.
Der Verheißene Messias[as] nahm schnell den Federhalter und das Papier und schrieb Folgendes:

„Ich habe schon vorher in meinen Büchern mich mit dem unten erwähnten detaillierten Eid den Menschen gegenüber gewäußert, und ich sage es wieder, dass ich bei Gott, Der mein Leben in Seinen Händen hält, schwöre, dass ich jener Verheißene Messias[as] bin, der durch den Heiligen Propheten[saw] in den authentischen Hadith erwähnt ist, die auch in der *Sahih Bukhari* und *Sahih Muslim* und anderen Hadith Büchern enthalten sind. كَفٰى بِاللّٰهِ شَهِيْدًا – (Sura Bani Israil; 17:97 – d. h. ‚*Gott genügt als Zeuge*'*).*"

(Der Verfasser) Mirza Ghulam Ahmad,
(Möge Gott ihm vergeben und ihm helfen)
17. August 1899

(Malfuzat, Edition 2003, Bd. I, Seiten 217f)

61. Anerkennung des Anspruchs des Verheißenen Messias[as]

Der Verheißene Messias[as] wurde gefragt, ob etwas Schlechtes darin läge, wenn man das Bai'at (d. h. Beitritt in seine Gemeinde; Anm. d. Ü.) nicht zu seinen Händen ablegen würde, gleichwohl man an ihn als einen rechtschaffenen und frommen Mann glauben und ihm treu ergeben sein würde.
Der Verheißene Messias[as] sagte:

„Bai'at bedeutet, sich selbst zu verkaufen, und das ist ein Bewusstseinszustand. Wenn jemand aufrichtig ist und fortfährt, in seiner Aufrichtigkeit voranzuschreiten, so kann er einen Zustand erreichen, an dem er sich aufgerufen fühlt, das Bai'at abzulegen. Aber wenn er sich dazu noch nicht berufen fühlt, dann soll er einsehen, dass seine Treue noch nicht das geforderte Maß erreicht hat."

(Fatawa Hadrat Masih Maud[as], S. 119, Nr. 169, 1935, Al-Hakam 17. Mai 1901, S.12)

62. Dürfen zwei Personen das Freitagsgebet beten?

(a) Der Verheißene Messias[as] wurde gefragt, ob es zulässig wäre, dass lediglich zwei Ahmadis alleine das Freitagsgebet verrichteten.
Der Verheißene Messias gab diese Frage an Maulvi Muhammad Ansan[ra] weiter, der bemerkte, dass das Freitagsgebet von zwei

Menschen dargebracht werden könnte. Dann sagt der Verheißene Messias[as]:

„Ja, sie sollten das Freitagsgebet darbringen. Obwohl die muslimischen Rechtsgelehrten sagen, dass es wenigstens drei Personen sein sollten, aber ich denke, wenn jemand allein ist (männliche Mitglieder), sollte er seine Frau fragen, ob sie sich dazugesellt und die zwei sollten dann das Freitagsgebet darbringen."

(Al-Hakam, 10. März 1905)

(b) Der Verheißene Messias[as] wurde gefragt, ob es zulässig wäre, dass ein Mann, wenn er allein an einem Ort ist, die Frauen fragte, ob sie dazukommen würden und sie dann gemeinsam das Freitagsgebet beteten.
Der Verheißene Messias[as] sagte:

„Ja, es ist zulässig."

(Al-Badr, 5.9.1907)

63. Opferschlachtung einer Kuh

Ein gewisser Ahmadi erzählte dem Verheißenen Messias[as] dass er nur einen kleinen Betrag mit sich gehabt hätte und ihn anderen Leuten gegeben hatte, um seinen Anteil an der Opferschlachtung zu leisten. Die Nicht-Ahmadis, denen er das Geld gegeben hatte, hätten es aber mit der Begründung zurückgegeben, dass es ihm nicht erlaubt sein würde, weil dadurch das Opfer nicht mehr gültig wäre. Er fragte dann, ob er das Geld dem Armen-

fond von Qadian schicken könnte und ob dies gleichbedeutend mit dem Schlachten einer Kuh wäre oder nicht.
Der Verheißene Messias[as] sagte:
„Doch wenn sie nicht dazu in der Lage sind, so ist eine Opferschlachtung für Sie nicht obligatorisch."

(Malfuzat, Edition 2003, Bd. V, S. 146f)

64. Wann ist die Hadsch verboten?

Vom Verheißenen Messias[as] wird berichtet, dass er gesagt habe, wenn der Nachbar von jemandem am Verhungern sei, so sei es nach der islamischen Scharia für ihn verboten, die Hadsch zu vollziehen. Der Sympathie und Sorge gegenüber dem leidenden Nachbarn sollte Vorzug gegeben werden, denn die rituelle Hadsch kommt erst nach diesen Dingen.

„Tatsache ist, dass die Menschen heutzutage das wirkliche Ziel des Gottesdienstes aus den Augen verlieren. Sie vollziehen die Gottesdienste nur noch in den gewohnten Ritualen. Darum hat die Mehrheit des Volkes eine wenig gute Meinung über *Hadschis.*"

(Malfuzat, Edition 2003, Bd. IV, Seite 370)

65. Hadsch für einen Toten

Die Badr berichtet, dass einige Leute dem Verheißenen Messias[as] schrieben, dass ein gewisses verstorbenes Familienmitglied (sehr wahrscheinlich sein/ihr Vater; Anm. d. Ü.) die Absicht hatte, die Hadsch zu vollziehen, aber bevor er die Absicht in die Tat umsetzen konnte, verstarb er. Sie fragten ihn im Brief auch, ob jemand anderes anstelle des Verstorbenen die Hadsch vollziehen könnte. Der Verheißene Messias[as] sagte:

„Ja, es ist zulässig. Dem Verstorbenen wird die Belohnung der Hadsch voll zuteil werden."

(Malfuzat, Edition 2003, Seite, Bd. III, Seite 266)

66. Was ist die Zakat?

a) „Was ist Zakat?

تؤخذ من الأمراء وتردُّ إلى الفقراءِ [41]

„Es wird von den Reichen genommen und den Armen gegeben."

Sie lehrt eine hohe Stufe der Empathie. Sie bringt die Muslime verschiedener Klassen näher zusammen und stärkt somit die Muslimische Nation. Es ist den Reichen auferlegt, die Zakat zu zahlen. Selbst wenn sie nicht auferlegt worden wäre, so fordert das Mitgefühl, dass den Armen geholfen wird. Was ich jetzt aber zu sehen bekomme, ist, dass selbst wenn der Nachbar infolge seiner Armut im Sterben liegt, sich niemand um ihn kümmert.

[41] Bukhari. (Anm. d. H.)

Ein Jeder ist mit seinen eigenen verschwenderischen Streben und Freuden beschäftigt. Ich will das, was Gott meinem Verstande eingegeben hat, nicht zurückhalten, sondern es aussprechen. Zuneigung ist eine der schönsten Eigenschaften des Menschen. Gott sagt – لَنْ تَنَالُوا الْبِرَّ حَتّٰى تُنْفِقُوْا مِمَّا تُحِبُّوْنَ –, dass man niemals Rechtschaffenheit erlangen kann, wenn man nicht von dem spendet, das man am meisten liebt. Gott mag die Art und Weise nicht, wie man Ihn zufriedenstellen möchte. Es gibt beispielsweise Hindus, die angeblich eine Kuh dann auf dem Wege Gottes opfern, wenn sie krank geworden ist. Es gibt etliche Menschen, die den Bettlern das verdorbene Brot geben, das niemand gebrauchen kann, und tatsächlich glauben, sie hätten wohltätig gehandelt. Gott mag solche Dinge nicht, noch wird eine solche angebliche Wohltat akzeptiert. Er hat ganz deutlich gesagt:

لَنْ تَنَالُوا الْبِرَّ حَتّٰى تُنْفِقُوْا مِمَّا تُحِبُّوْنَ

„Nie könnt ihr zur vollkommenen Rechtschaffenheit gelangen, solange ihr nicht spendet von dem, was ihr liebt.“ (3:93)

Tatsache ist, dass keine Tat der Tugend als wirkliche Tugend angesehen werden kann, wenn man nicht von seinem geliebten Vermögen für die Sache Allahs, für die Verbreitung Seiner Religion und aus Mitgefühl mit Seiner Schöpfung spendet.“

(Malfuzat, Edition 2003, Bd. IV, Seiten 369f)

(b) Der Verheißene Messias[as] wurde gefragt, ob ein Händler Zakat nach dem Betrag zu geben hätte, den er von seinen Kunden zu bekommen hat, der die Waren auf Kredit gekauft hat. Er antwortete:

„Zakat wird nicht auf das gezahlt, das dem Händler noch nicht bezahlt worden ist. Was auf Kredit ausgegeben worden ist, ist ungewisses Vermögen. Der Händler sollte natürlich nicht immer nach sinnlosen Entschuldigungen suchen, um die Zakat zu umgehen. Letztendlich muss er gemäß seinem Vermögen, aus seinem Kapital für seine Ausgaben aufkommen. Er sollte immer die Taqwa im Auge behalten. Es gibt einige Menschen, die versuchen, die Zakat durch falsche Vorwände zu umgehen. Das ist nicht gut."

(Malfuzat, Edition 2003, Bd. V, Seite 234)

67. Keine Zakat auf Häuser

Die Badr vom 14. Februar 1907 berichtet, dass der Verheißene Messias[as] in Beantwortung einer Frage äußerte:

„Auf ein Haus muss keine Zakat gezahlt werden, sogar wenn es Tausende von Rupien wert ist. Aber wenn das Haus vermietet ist, dann muss die Zakat auf die Miete gezahlt werden, die aus dem Haus resultiert. Dasselbe gilt für zum Verkauf bestimmte Waren. Der Teil dieser Waren, der sich im Haus befindet, der ist von der Zakat befreit. Hadhrat Omar pflegte ein Halbjahreseinkommen zu berechnen und hat dann darauf Zakat erhoben."

Der Verheißene Messias[as] wurde ferner gefragt, ob auf das Geld, das an jemanden ausgeliehen worden ist, Zakat zu entrichten sei?

Der Verheißene Messias[as] sagte: „Nein. (Darauf muss keine Zakat entrichtet werden; Anm. d. Ü.)“

(Fatawa Hadhrat Massih-e-Mawood, Seite 128, Fikah Ahmadiyya, Seite 370)

68. Warum Ramadan?

Der Verheißene Messias[as] sagte:

„Die sengende Hitze der Sonne ist bekannt als ‚Ramadhan‘. Während dieses Monats vermeiden die Menschen (d. h. jene, die fasten) Essen und Trinken (während der vorgeschriebenen Zeiträume) und enthalten sich auch verschiedener körperlicher Bequemlichkeiten; sie finden in sich dann eine erhöhte Bereitschaft für den Gehorsam gegenüber den Geboten Gottes. Somit macht neben der äußerlichen auch die geistige Hitze den Monat Ramadan aus. Die Lexikographen sagen, der Monat wurde Ramadan benannt, da das Gebot zum Fasten in einem heißen Monat empfangen wurde. Meiner Ansicht nach ist dies nicht ganz richtig. Fasten ist nicht allein für die Araber gedacht. Der geistige Ramadan spricht den spirituellen und religiösen Eifer an.
رَمض *(Ramz)* ist auch der Begriff, der für die Hitze verwendet wird, die Steine erwärmt. Das ist der Monat der Gebete.“

(Malfuzat, Edition 2003, Bd. I, S. 136)

شَهۡرُ رَمَضَانَ الَّذِیۡۤ اُنۡزِلَ فِیۡهِ الۡقُرۡاٰنُ

„Der Monat Ramadhan ist der, in welchem der Koran herabgesandt ward." (2:186)

Dies zeigt wie wichtig dieser Monat ist. Die Sufis (Mystiker) schreiben, dass dieser Monat für die Erleuchtung des Herzens hervorragend sei. Während dieses Monats haben die Menschen viel öfter Visionen als zu anderen Zeiten. Die Gebete reinigen uns und das Fasten erleuchtet das Herz. Sich selbst reinigen bedeutet, dass man sich der alltäglichen Leidenschaften enthalten soll, und die Erleuchtung des Herzens bedeutet, dass einem das Tor zu Visionen geöffnet wird, so dass man nun Gott begegnen kann. In – اُنۡزِلَ فِیۡهِ الۡقُرۡاٰنُ – wurde auch darauf hingewiesen. Es gibt keinen Zweifel daran, dass das Fasten große Belohnung bringt. Krankheit und einige andere Gründe entziehen dem Menschen die Segnungen des Fastens. Gott hat zum Fasten gesagt:

وَاَنۡ تَصُوۡمُوۡا خَیۡرٌ لَّکُمۡ اِنۡ [42]

D. h. ihr sollt fasten, und ihr werdet sicherlich einen großen Gewinn erzielen."

(Al Badr, 12. Dezember 1902, Malfuzat, Edition 2003, Bd. II, Seite 561-563)

[42] Sura Bakarah; 2:185. (Anm. d. H.)

69. Fasten auf Reisen

(a) Die Al-Hakam vom 26. Januar 1899 berichtet, dass der Verheißene Messias[as] über das Fasten während einer Reise gefragt wurde.
Er sagte:

„Der Heilige Koran sagt:

فَمَنْ كَانَ مِنْكُمْ مَّرِيْضًا اَوْ عَلٰى سَفَرٍ فَعِدَّةٌ مِّنْ اَيَّامٍ اُخَرَ [43]

D. h. die Kranken und diejenigen auf Reisen sollten nicht fasten. Das ist ein Gebot. Damit sagt Gott nicht, dass einem die Wahl gegeben wurde, ob man fastet oder nicht. Ich glaube deshalb, dass derjenige, der auf Reisen ist, nicht fasten sollte. Aber da es bei den Menschen sehr gebräuchlich ist, sogar auf Reisen zu fasten, wäre es auch nicht nachteilig für ihn, wenn er nur fasten würde, weil das bei den Leuten so Brauch ist. Aber er muss sich immer im Klaren sein über den Befehl Gottes, der beinhaltet: عِدَّةٌ مِّنْ اَيَّامٍ اُخَرَ – d. h. Ebenso viele andere Tage aber [soll jener fasten], der krank oder auf Reisen ist. Derjenige, der sich der Härten des Fastens auch während einer Reise unterzieht, versucht, Gott durch seine Stärke zu gefallen, nicht aber indem er Seinem Gebot Folge leistet. Dies ist, wie man wohl weiß, ein Fehler. Der wahre Glaube liegt im absoluten Befolgen der Gebote Gottes."

(Malfuzat, Edition 2003, Bd. I, S. 193)

---

[43] Sura Bakarah; 2:185. (Anm. d. H.)

(b) Die Badr vom 17. Oktober 1907 berichtet, dass der Verheißene Messias[as] sagte:

„Derjenige, der entweder krank oder auf Reisen ist und fastet, missachtet das Gebot Gottes. Gott hat ganz deutlich gesagt, dass ein Kranker und ein Reisender nicht fasten sollen."

Die Al-Hakam berichtet, dass der Verheißene Messias[as] sagte:

„Es ist in den Hadith berichtet, dass es zwei Menschen gibt, die sehr unglücklich sind. Erstens: Derjenige, der den Ramadan verbrachte, aber dessen Sünden nicht vergeben wurden, und Zweitens: Derjenige, der seinen Eltern begegnete (d. h. der mit seinen Eltern zusammenlebte und somit Gelegenheit hatte, ihnen zu dienen; Anm. d. Ü.) und dessen Eltern starben, ohne dass ihm seine Sünden vergeben wurden. Solange wir unter der Obhut unserer Eltern sind, werden unsere ganzen Sorgen von ihnen mitgetragen. Aber wenn wir ins wirkliche Leben eintreten (und jede Last alleine tragen müssen), fangen wir an, den wahren Wert unserer Eltern zu erkennen. Im Heiligen Koran hat Gott den Müttern eine herausragende Stellung zuerkannt, weil Mütter um ihres Kindes Willen jegliche Mühsal auf sich nehmen. Sogar wenn das Kind an einer Epidemie leidet – seien es Pocken, Cholera oder die Buboseuche –, kann eine Mutter ihr Kind nicht verlassen.
Einmal litt meine Tochter an Cholera und meine Frau pflegte das Erbrochene des Mädchens in ihre Hände zu nehmen. Mütter teilen wirklich die Probleme ihrer Kinder. Und das geschieht auf-

grund der großen Liebe, die Gott gerade in das Wesen der Mutterschaft gelegt hat. Niemand kann sich in Sachen Zuneigung mit einer Mutter messen."

An diesem Punkt stellte jemand eine weitere Frage. Die Frage lautete: *„Es obliegt uns, unseren Eltern zu gehorchen. Meine Eltern sind auf mich nicht gut zu sprechen, weil ich in die Ahmadiyya-Gemeinde eingetreten bin; sie wollen mich nicht sehen. Als ich vorhatte, Sie (den Verheißenen Messias[as]; Anm. d. Ü.) zu besuchen, verbaten sie sich, dass ich mit ihnen darüber spräche. Wie kann ich nun das Gebot Gottes erfüllen hinsichtlich des Gehorsams gegenüber den Eltern?"*

Der Verheißene Messias sagte:

„Obwohl uns der Heilige Koran den Gehorsam gegenüber Eltern auferlegt hat, heißt es dort gleichfalls:

رَبُّكُمْ اَعْلَمُ بِمَا فِىْ نُفُوْسِكُمْ ؕ
اِنْ تَكُوْنُوْا صٰلِحِيْنَ فَاِنَّهٗ كَانَ لِلْاَوَّابِيْنَ غَفُوْرًا

„Euer Herr weiß am Besten, was in euren Seelen ist: Wenn ihr rechtgesinnt seid, dann ist Er gewiss nachsichtig gegenüber den sich Bekehrenden." (17:26)

Gott weiß sehr wohl, was in euren Herzen ist. Dann, wenn man rechtschaffen ist (man sollte es wissen; Anm. d. Ü.). Er vergibt denen, die sich Ihm zuwenden. Die Gefolgsleute des Heiligen Propheten[saw], möge Gott an ihnen Gefallen haben, mussten den-

selben Konflikten entgegensehen; ihre Eltern waren ihnen wegen religiöser Unterschiede gram. Man sollte jedoch stets versuchen, sich um sie zu kümmern.
Wann immer sich eine Gelegenheit ergibt, sollte man versuchen, sie zu ergreifen. Es wird einem für gute Absichten eine schöne Belohnung gegeben. Wenn man sich von den Eltern wegen der Religion trennen muss, dann sollte man wissen, dass man das unter unvermeidbaren Umständen getan hat. Man sollte aber stets nach Besserung Ausschau halten. Laßt eure Absichten stets gut sein. Betet stets für eure Eltern. Das ist, wie ihr gut verstehen könnt, nichts Neues in der Welt. Hadhrat Ibrahim[as] sah sich den gleichen Umständen gegenüber. Denkt daran, dass dem Anspruch Gottes überall Vorrang gegeben werden muss. Gebt Gott den Vorzug und versucht euer Bestes im Hinblick auf eure Eltern. Betet für sie und habt stets die besten Vorsätze."

(Malfuzat, Edition 2003, Bd. 5, Seite 450)

70. Gehorsam gegenüber der Mutter

Den Verheißenen Messias[as] erreichte ein Brief, in dem dargelegt war, dass die Mutter des Schreibers zu dessen Frau nie eine gute Beziehung hatte und sie ihn um die Scheidung von ihr bat. Des Weiteren berichtete der Schreiber, dass er sich über seine Frau nicht beklagen könne. Zum Schluss fragte er den Verheißenen Messias[as], was er tun sollte.
Der Verheißene Messias, Friede sei auf ihm, sagte:

„Mütter haben gegenüber ihren Kindern ein sehr großes Recht, und es ist den Kindern auferlegt, ihnen zu gehorchen. Aber Sie müssen versuchen, den Grund für die Klage Ihrer Mutter gegen Ihre Frau herauszufinden. Vielleicht ist es etwas, wofür Gott die Kinder vom Gehorsam gegenüber den Eltern entbindet. Vielleicht liegt es im religiösen Bereich, so wie Beten oder Fasten. Wenn es wegen dieser Dinge ist, dann sollten Sie Ihrer Mutter nicht gehorchen (d. h. Sie sollten sich nicht von Ihrer Frau scheiden lassen; Anm. d. Ü.). Und wenn der Grund der Beschwerde nichts dergleichen im Zusammenhang mit der Scharia ist, dann verdient sie es (die Ehefrau), geschieden zu werden."

Des Weiteren bemerkte der Verheißene Messias[as], dass zu Zeiten die Frauen aus keinem rechten Grund der Schwiegermutter Schwierigkeiten machten, sie beschimpften und ihr manchen Kummer bereiteten.

„Tatsache ist, dass die Mütter den Frauen ihrer Söhne nicht wegen nichts gram sein können. Wie kann es möglich sein, dass die Mutter mit der Schwiegertochter streiten sollte, um somit das Heim ihres Sohnes zu zerstören? Bei solchen Streitigkeiten ist oft beobachtet worden, dass die Mutter recht hat."

(Al-Hakam, 26.3.1908)

71. Absicht für das Fasten in der Morgendämmerung

(a) Dem Verheißenen Messias[as] wurde durch jemanden erzählt, dass jener einst in einem Zimmer war und der Meinung war,

dass es für das Fasten nicht zu spät war. Deswegen aß er das *Sahri*[44] und machte die Absicht fürs Fasten. Später wurde ihm durch jemanden erzählt, als er das *Sahri* zu sich nahm, war bereits die Weiße der Morgendämmerung zu sehen (d. h. es war zu spät zum Fasten; Anm. d. Ü.).
Er fragte dann den Verheißenen Messias[as], ob sein Fasten nun gültig oder nicht gültig war. Der Verheißene Messias[as] sagte:

„Ihr Fasten ist gültig und Sie müssen es nicht wiederholen. Sie versuchten alles, Was Sie konnten, und Ihre Absicht war vollkommen in Ordnung."

(Al-Badr, 14.2.1908)

(b) Darf man Haaröl für Kopf und Bart verwenden, wenn man fastet, war die Frage, und der Verheißene Messias[as] sagte darauf als Antwort:

„Ja, es ist zulässig, Haaröl zu verwenden."

(c) Er wurde auch gefragt, ob Medizin für die Augen verwendet werden könnte, wenn die Augen während des Fastens entzündet wären.
Der Verheißene Messias[as] sagte, dass diese Frage nicht aufkäme, denn Kranke dürften nicht fasten.

(d) Er wurde wiederum gefragt, ob das *Fidya*[45] für Nichtfasten

---

[44] Das Essen, das vor dem Fastenbeginn zu sich genommen wird. (Anm. d. H.)
[45] Personen, die im Ramadan nicht dazu in der Lage sind, gemäß den im Koran

(Wenn jemand wirklich nicht fähig ist, zu fasten) nach Qadian geschickt werden sollte oder nicht.
Der Verheißene Messias[as] sagte:

„Es ist ein und dasselbe. Sie können Fidya einem armen Menschen in Ihrer Stadt geben, oder Sie können es zum Armenfond nach Qadian schicken."

72. *Itikaaf*[46]

Der Verheißene Messias[as] wurde gefragt, ob jemand während dem *Itikaaf* über seine weltlichen Dinge sprechen könne.
Der Verheißene Messias[as] sagte:

„Ja, er darf, aber nur in unvermeidbaren Umständen. Er kann sogar einen Kranken pflegen oder Austreten, um dem Ruf der Natur zu folgen (d. h. auch, man kann aus der Moschee austreten, wen es unvermeidbar ist; Anm. d. Ü.)."

(Malfuzat, Edition 2003, Bd. V, Seite 153)

---

erwähnten Anweisungen zu fasten, müssen die *Fidya* entrichten. D. h. sie müssen für jeden versäumten Fastentag einen Bedürftigen speisen oder eine Summe Geld für seine Speisung entrichten. (Anm. d. Ü.)

[46] Der Begriff *Itikaaf* bezeichnet die Hingabe und das Gebet in der Moschee während der letzten zehn Tage des Ramadan. (Anm. d. Ü.)

73. *Nikah* (Eheschließung)

Vom Verheißenen Messias[as] wird berichtet, dass er sagte:

„Der Allmächtige Gott sagt im Heiligen Koran, dass wir heiraten sollen, um rechtschaffen zu werden und dass wir dann zu Ihm für rechtschaffene Kinder beten sollten.
Er sagt im Heiligen Koran:

محصنين غير مسافحين [47]

D. h. wir sollen heiraten, um gottesfürchtig und rechtschaffener zu werden. Der Zweck eurer Hochzeit soll nicht allein die Befriedigung sexueller Leidenschaften sein, wie bei den niederen Tieren. Das Wort محصنين zeigt an, dass demjenigen, der nicht heiratet, nicht nur geistiges Übel befällt, er geht darüber hinaus auch das Risiko körperlicher Beschwerden ein."

(Fatawa Hadrat Masihe Maud[as], S. 138, Nr. 213, 1935)

74. Die Vorteile der Ehe

„Nach dem Heiligen Koran gibt es drei Vorteile der Ehe: Rechtschaffenheit, Erhaltung der Gesundheit und Erhaltung der Nachkommenschaft. An einer Stelle sagt der Heilige Koran:

[47] Sura Al Nisa; 4:5. (Anm. d. H.)

وَلْيَسْتَعْفِفِ الَّذِيْنَ لَا يَجِدُوْنَ نِكَاحًا حَتّٰى يُغْنِيَهُمُ اللّٰهُ مِنْ فَضْلِهٖ [48]

D. h. jene, die nicht über die Mittel zur Heirat verfügen, die der Weg zur Bewahrung von Rechtschaffenheit ist - die sollten andere Wege gehen, um sich rechtschaffen zu halten. In Bukhari und Muslim steht, dass der Heilige Prophet[saw] sagt: *‚Derjenige, der keine Mittel zum Heiraten hat, soll sich durch das Fasten rechtschaffen halten.'*
Das Hadith lautet so:

يا معْشَرَ الشَّبَابِ مَنِ اسْتَطَاعَ مِنْكُمُ الْبَاه فَلْيَتَزَوَّجْ فَإِنَّهُ غَضُّ الْبَصَرِ وَأَحْصَنَ لِلْفَرْجِ وَمَنْ لَمْ يَسْتَطِعْ فَعَلَيْهِ بِالصَّوْمِ فَإِنَّهُ لَهُ وِجَاءٌ. [49]

‚O ihr jungen Menschen! Wer immer unter euch die Mittel zur Heirat hat, der sollte heiraten, weil Heiraten die Blicke anständig niederwerfend macht und den Mann vor Ehebruch schützt. Andererseits haltet das Fasten, weil es (das Fasten) die sexuellen Leidenschaften tötet.'

Die oben angeführten Verse und Hadith, zusammen mit vielen anderen, beweisen, dass die Ehe nicht nur ein Mittel zur Erfüllung sexueller Leidenschaften ist, eher ist sie ein Mittel, um schlechte Gedanken und schlechte Blicke und schlechte Taten zu vermeiden. Sie ist auch ein Mittel, um die Gesundheit zu schützen.

[48] Sura An-Nuur; 24:34. (Anm. d. H.)
[49] Sahih Bukhari und Sahih Muslim. (Anm. d. H.)

Es gibt einen Weiteren Vers des Heiligen Korans, der Licht auf Sinn und Vorteile der Ehe wirft, und dieser Vers lautet so:

وَالَّذِيْنَ يَقُوْلُوْنَ رَبَّنَا هَبْ لَنَا مِنْ اَزْوَاجِنَا
وَذُرِّيّٰتِنَا قُرَّةَ اَعْيُنٍ وَّ اجْعَلْنَا لِلْمُتَّقِيْنَ اِمَامًا [50]

D. h., dass die Gläubigen jene sind, die zu Gott für ihre Frauen und Kinder beten, damit sie zu einer Quelle reiner Freude für sie werden. Und sie beten auch zu Gott, dass Er ihre Frauen und Kinder gut und rechtschaffen mache und sie immer die Führer gottesfürchtiger Menschen sein dürfen."

(Fatawa Hadrat Masihe Maud[as], S. 138, Nr. 214, 1935)

75. Gehorsam gegenüber dem Ehemann

„Es ist beobachtet worden, dass Ehefrauen ihren Ehemännern oft nicht gehorchen. Sie geben die Löhne ihrer Ehemänner nach Belieben und ohne deren Erlaubnis aus. Wenn sie mit ihren Ehemännern zerstritten sind, reden sie schlecht von ihnen (und überschreiten damit die Grenzen des Anstands; Anm. d. Ü.). Solche Frauen sind vor dem Angesicht Gottes verflucht, und ihre Gebete und ihr Fasten werden von Ihm nicht angenommen. Gott der All-mächtige sagt in ganz klaren Worten, dass keine Frau rechtschaffen sein kann, wenn sie nicht ihrem Ehemann gehorcht, große Zuneigung und Achtung für ihn empfindet und hinter seinem Rücken nicht schlecht über ihn spricht. Der Heili-

[50] Sura Al Furqan; 25:26. (Anm. d. H.)

ge Prophet Muhammad[saw] sagt, dass es den Frauen obliege, ihren Ehemännern zu gehorchen. Wenn sie das nicht täten, sagt der Heilige Prophet[saw], so würden ihre guten Taten nicht angenommen werden. Er sagte auch, dass, wenn eine Niederwerfung vor anderem als Gott erlaubt sein würde, so hätte ich den Frauen gesagt, sie sollten sich vor ihren Ehemännern niederwerfen.
Es muss daran erinnert werden, dass jede Frau, die über ihren Ehemann schlecht redet oder auf ihn herabschaut oder sich den Anweisungen Gottes (in Verbindung mit ihrem Ehemann) nicht fügt, eine verfluchte Frau ist.
Gott und Sein Gesandter sind zornig auf sie. Die Ehefrauen sollten von den Löhnen ihrer Ehemänner kein Geld stehlen und sich gegen sexuelle Verderbtheit schützen. Und vergesst nicht, dass Frauen einen Schleier tragen müssen, außer in Gegenwart ihres Ehemanns und jener anderen Verwandten, mit denen ihre Heirat ungesetzmäßig wäre. Solche Frauen, die den Schleier nicht tragen, müssen sich bewusst sein, dass ihnen stets Satan auf den Fersen ist. Sie sollten auch die verderbten Frauen von ihren Häusern fernhalten (d. h. sie sollten solchen Frauen nicht erlauben, ihre Häuser zu betreten; Anm. d. Ü.) und sollten sie nicht als ihre Hausmädchen beschäftigen. Es ist in der Tat eine große Sünde, dass schlechte Frauen in Gesellschaft mit guten und rechtschaffenen Frauen sind."

(Malfuzat, Edition 2003, Bd. V, Seite 47-48)

76. Die islamische *Pardah*

Die Al-Hakam vom 17. Februar 1904 berichtet, dass der Verheißene Messias[as] sagte:

„Die islamische *Pardah* bedeutet nicht, dass Frauen hinter verschlossenen Türen gehalten werden sollten, als wenn sie dort ins Gefängnis geworfen worden seien. Was der Heilige Koran von Frauen verlangt, ist, dass sie sich bedecken und keine Blicke auf Männer werfen sollten (außer den nahen Verwandten, die im Heiligen Koran erwähnt sind; Anm. d. Ü.). Solchen Frauen ist es nicht verboten, aus dem Haus zu gehen. Sie dürfen aus ihren Häusern gehen, müssen jedoch ihre Blicke stets niedergeschlagen halten."

Die Al-Hakam fügt folgende Anmerkung zum Obenstehenden hinzu:

„Hadhrat Ummul Momineen (die Ehefrau des Verheißenen Messias[as], Hadhrat Nusrat Jahan Begum[ra]) hatte keine gute Gesundheit. Der Verheißene Messias[as] holte medizinischen Rat ein, ob es gut sei, mit ihr auf einen Spaziergang in den Garten zu gehen, und ihm wurde gesagt, dass ihr das sehr gut täte.
Als der Verheißene Messias[as] das hörte, sagte er:

‚In der Tat nehme ich meine Frau gelegentlich mit in den Garten, aber stets beachte ich alle Bedingungen der Pardah genau. Ich fürchte nicht die Vorwürfe der Leute. Die Überlieferungen des

Heiligen Propheten[saw] erwähnen Frauen, die für Spaziergänge ausgehen. Wenn Frauen hinter verschlossenen Türen gehalten werden, so könnte das auf ihre Gesundheit ungünstig wirken, und sie würden eine Reihe von Krankheiten entwickeln. Der Heilige Prophet[saw] pflegte seine Frau Hadhrat Ayesha[ra] zum Spazierengehen mitzunehmen. Hinsichtlich der Pardah haben die Menschen tatsächlich zwei extreme Positionen bezogen: Einige von ihnen, die ‚Naturfreunde' genannt werden, sind erpicht darauf, die gesamte Pardah abzuschaffen. Sie schauen nicht nach Europa, wo die freie Vermischung der Geschlechter eine schrankenlose Unsittlichkeit gebracht hat. Auf der anderen Seite gibt es einige Muslime, die die entgegengesetzte Maßnahme ergriffen haben. Ihre Frauen sind nie aus ihren Häusern getreten, allerhöchstens einmal, um an einen anderen Ort zu reisen, wozu sie natürlich die Eisenbahn (oder ein anderes Verkehrsmittel; Anm. d. Ü.) benutzen mussten.
Ich erachte diese beiden Standpunkte als falsch; sie sind zu sehr ins Extreme gegangen."

77. Scheidung eines Minderjährigen

Die Badr vom 25. Juni 1907 berichtet, dass der Verheißene Messias[as] gefragt wurde:

„Wenn ein minderjähriger Junge oder ein Mädchen durch seine oder durch ihre Eltern verlobt wird und sich später (während diese Person noch minderjährig ist; Anm. d. Ü.) herausstellt, dass die Ehe nicht sehr gut werden würde, dürfen die Eltern die

Verlobung auflösen?"
Der Verheißene Messias[as] sagte:

„Ja, das dürfen sie."

(Al-Badr, 25. Juni 1907, S. 11, Auszug aus Fatawa des Verheißenen Messias, S. 146)

78. Respekt gegenüber dem Heiligen Propheten[saw]

Den Verheißenen Messias[as] erreichte am 11. Februar 1907 ein Brief, in dem der Schreiber mitteilte, dass er beabsichtigte, eine verwitwete Frau zu heiraten, aber in einem Traum sei ihm der Heilige Prophet[saw] erschienen, und der sagte ihm, er sollte diese Frau nicht heiraten. Der Schreiber fragte, ob er dies nun tun solle oder nicht.
Der Verheißene Messias[as] sagte:

„Der Heilige Prophet[saw] sagte: مَنْ رآنی فقد رأی الحق –‚Wer mich im Traum geshen hat, hat mich tatsächlich gesehen' Aus diesem Grund sollten Sie dem Folge leisten, was der Heilige Prophet[saw] geboten hat."

(Malfuzat, Edition 2003, Bd. V, Seite 146)

79. Walima

Der Verheißene Messias[as] wurde nach der Bedeutung der Walima befragt:

„Walima bedeutet, dass derjenige, der heiratet, nach der Hochzeit eine Walima veranstalten sollte, d. h. er sollte einige Freunde zusammenrufen und sie mit Speisen bewirten."

(Malfuzat, Edition 2003, Bd. V, Seite 138)

80. Neuerungen durch Frauen

Vom Verheißenen Messias[as] wird bericht, dass er gesagt habe:

„Einige Frauen sind in ihren täglichen Gebeten sehr nachlässig. Manche von ihnen geben sich polytheistischen Bräuchen hin, wie zum Beispiel die Verehrung von Pocken oder anderer ausgedachter Göttinnen. Manche kochen Essen zur Verteilung und stellen die Bedingungen auf, dass es weder von einem männlichen Mitglied noch von jenen, die rauchen, genommen werden dürfe. Aber denkt daran, dass das nur satanische Bräuche sind."

(Al-Badr, Bd. 2, Nr. 31, S. 12, 2. August 1906, Auszug aus dem Malfuzat, Bd. 5, S. 49, Edition 2003, Indien)

Anmerkungen des Herausgebers

Gemäß unserer Zählweise wird der Vers *Bismillah irrahman ir-rahiem* (im Namen Allahs, des Gnädigen, des immer Barmherzigen) stets als erster Vers eines Koran-Kapitels (Sura) gezählt. Einige Herausgeber von Koran-Ausgaben beginnen mit der Zählung erst nach *Bismillah irrahman irrahiem*. Sollte der Leser den Vers also nicht unter der in diesem Buch wiedergegebenen Nummer finden, sei es ihr oder ihm geraten, von der Zahl Eins abzuziehen. Die folgenden Abkürzungen wurden verwendet. Leser werden gebeten, die vollständigen Formeln zu gebrauchen:

saw *„sallallahu alaihi wa sallam"* bedeutet: *„Frieden und Segnungen Allahs seien auf ihm"* und wird im Anschluss an den Namen des Heiligen Propheten Muhammad[saw] gebetet.

as *„alaihis salam"* bedeutet: *„Friede sei auf ihm"* und wird im Anschluss an die Namen von allen übrigen Propheten gebetet.

ra *„radi-Allahu anhu/anha/anhum"* bedeutet: *„Möge Allah Gefallen an ihm/ihr/ihnen haben"* und wird im Anschluss an die Namen der Gefährten des Heiligen Propheten Muhammad[saw] oder des Verheißenen Messias[as] gebetet.

rh *„rahmatullah alaih"* bedeutet: *„Möge Allah ihm gnädig sein"* und wird im Anschluss an die Namen von verstorbenen frommen Muslimen gebetet, die keine Gefährten des Heiligen Propheten Muhammad[saw] oder des Verheißenen Messias[as] waren.

Begriffserklärung Hadhrat: Ein Ausdruck des Respekts, welcher für eine Person von bewährter Rechtschaffenheit und Frömmigkeit verwendet wird.

Zum Autor

Der Verheißene Messias[as] und Mahdi des Islam,
Hadhrat Mirza Ghulam Ahmad von Qadian (1835-1908)

Der Verheißene Messias und Mahdi[as], Hadhrat Mirza Ghulam Ahmad, wurde 1835 in Qadian (Indien) geboren und widmete sein Leben dem Studium des Heiligen Koran, dem Gebet und der Hingabe zu Gott. Als er bemerkte, dass der Islam von allen Seiten mit haltlosen Vorwürfen angegriffen wurde und die Muslime nicht in der Lage waren, darauf zu reagieren, verteidigte er als Imam und Stimme der Zeit den Islam und stellte die unverfälschten Lehren des Islam in ihrer Ursprünglichkeit wieder dar.

In seinem umfangreichen Gesamtwerk an Schriften, Vorlesungen, Reden und religiösen Diskursen etc., erörtert er, dass der Islam den einzigen lebendigen Glauben darstellt, durch dessen Befolgung der Mensch eine tiefgehende Beziehung zu seinem Schöpfer herstellen kann.

Er erklärt, dass Gott ihn gemäß der Prophezeiungen in der Bibel, im Heiligen Koran und in den Überlieferungen des Heiligen Propheten[saw] des Islam (Ahadith) zum Messias und Mahdi ernannt hat. 1889 begann er, Mitglieder in seine Gemeinde, die Ahmadiyya Muslim Jamaat, aufzunehmen, die mittlerweile in über 204 Ländern verbreitet ist und mehrere zehn Millionen Mitglieder umfasst. Er schrieb mehr als 80 Bücher in Urdu, Arabisch und Persisch.

Nach dem Tod des Verheißenen Messias[as] im Jahre 1908 traten Kalifen seine Nachfolge an, um seine Aufgaben fortzuführen. Hadhrat Mirza Masroor Ahmad, Khalifatul Masih V[at], ist das derzeitige Oberhaupt der Ahmadiyya Muslim Jamaat und der fünfte Nachfolger des Verheißenen Messias[as].

Hintergrund

In allen großen Religionen gibt es Prophezeiungen über das Erscheinen eines großen Propheten und Reformers, der zu der Zeit erscheinen würde, wenn die Welt von Egoismus und Unglauben geprägt sein würde. So hat auch Jesus[as] seine Wiederkehr angekündigt und Zeichen für dieses Ereignis genannt.

Im Christentum wird dies Parusie (griech. Ankunft) genannt. Der Heilige Prophet Muhammad[saw] hat ebenfalls eine Vielzahl von Prophezeiungen überliefert, in denen von der Wiederkunft Jesus[as] und dem Auftreten des Imam Mahdi die Rede ist.

Indes bestehen über die Art und Weise, wie diese Prophezeiungen eintreten werden, bei Christen und Muslimen verschiedenartige Anschauungen. Orthodoxe Muslime glauben, Jesus[as] sei lebendig in den Himmel aufgefahren und befinde sich dort körperlich im Paradies an Gottes Seite, und eines Tages wird er herabsteigen und die Welt der Ungläubigen mit Waffengewalt besiegen.

Wiederkunft von Jesus[as]

Die Ahmadiyya Muslim Jamaat hingegen sagt, dass ein solches Denken der Weisheit Gottes widerspricht. Es ist unsinnig anzunehmen, Jesus[as] befinde sich mit seinem Körper aus Fleisch und Blut in einem Paradies über den Wolken, wo er täglich Nahrung zu sich nehmen muss und anderen Verrichtungen unterliegt,

denen ein Mensch aufgrund seiner körperlichen Beschaffenheit nachgehen muss.
Das Paradies, so ist aus den heiligen Schriften der Menschheit zu entnehmen, ist kein materieller Ort, sondern ein geistiger Zustand, in dem sich die Seele befindet. Gott ist kein Wesen aus Materie, sondern jenseits von Werden und Zerfall, wie es dem Körper eigen ist. Er ist auch nicht an einen materiellen Ort gebunden, so dass die „Himmelfahrt" von Jesus[as] nicht bedeuten kann, dass er zu einem bestimmten Ort im Universum aufgestiegen ist, vielmehr kann man sich Gott tatsächlich nur im spirituellen Sinne nähern, denn nur Ehrfurcht und geistige Verhaltensweisen, wie Hingabe, Demut und Liebe erreichen Ihn, nicht aber Materielles.

Wenn Jesus[as] aber nicht mit seinem Körper zu Gott ins Paradies aufgestiegen ist, wo ist er dann? Und wie wird seine Wiederkunft aussehen, von der zahlreiche Prophezeiungen verschiedener Religionen sprechen?
Der Heilige Koran erklärt, dass Jesus[as] eines natürlichen Todes auf Erden gestorben ist. Nach Hadhrat Mirza Ghulam Ahmad[as] überlebte Jesus[as] die Kreuzigung in Bewusstlosigkeit und wanderte dann zu den verlorenen Stämmen vom Hause Israel bis nach Kaschmir aus, wo er auch begraben liegt (4:158 und 23:51). Sein Grab im Khanyar-Viertel der Stadt Srinagar ist heute noch zu besichtigen. Zudem sagt Gott in weiteren 30 Versen des Heiligen Korans, dass Jesus[as] auf der Erde gestorben ist. Wie aber kann dann seine Wiederkunft stattfinden?

Der Verheißenen Messias, Hadhrat Mirza Ghulam Ahmad[AS] im Verlag Der Islam

Die Philosophie der Lehren des Islam
2012, gebunden, 272 Seiten
ISBN 978-3-932244-80-3

Die Arche Noahs. Die Festung des Glaubens
2011, gebunden, 196 Seiten
ISBN 978-3-944277-47-9

Die Essenz des Islam – Band 1. Auszüge aus den Schriften, Reden und Bekanntmachungen des Verheißenen Messias[AS]
2016, gebunden, 604 Seiten
ISBN 978-3-939797-10-4

Befreiung von der Sünde
2012, gebunden, 80 Seiten
978-3-932244-04-9

Jesus in Indien
2004, broschiert, 164 Seiten
ISBN 3-921458-39-0

Der Vortrag von Ludhiana. Über die Wahrhaftigkeit des Verheißenen Messias[AS]
2012, gebunden, 112 Seiten
ISBN 978-3-932244-95-7

Der Vortrag von Lahore. Über Gotteserkenntnis und Sünde im Islam im Vergleich zu Christentum und Hinduismus.
2011, broschiert, 95 Seiten
ISBN 3-921458-77-3

Der Vortrag von Sialkot. Über die Endzeit, Jesu Tod und Prophezeiungen
2012, gebunden, 104 Seiten
ISBN 978-3-932244-96-4

Die Quelle des Christentums
2016, gebunden, 126 Seiten
ISBN 978-3-944277-58-5

Eine Auswahl aus den Schriften des Verheißenen Messias[AS]
2015, gebunden, 132 Seiten
ISBN 978-3-944277-34-9

Die Wahrheit über den Mahdi
2015, broschiert, 96 Seiten
978-3-944277-49-3

Die verborgene Wahrheit. Über die Kreuzigung von Hadhrat Jesus[AS]
2015, gebunden, 80 Seiten
978-3-944277-42-4

Ein Geschenk für An-Nadwah. Ein Essay über das Erkennen eines wahren Propheten,
2015, broschiert, 72 Seiten
978-3-944277-51-6

Die grüne Bekanntmachung. Eine Abhandlung über den Tod von Bashir
2016, broschiert, 80 Seiten
ISBN 978-3-944277-69-1

Die Sündlosigkeit der Propheten. Wie kann Erlösung erlangt werden und was ist die wahre Bedeutung von Erlösung?
2017, broschiert 104 Seiten
978-3-939797-41-8

Der Rückblick
2013, broschiert, 48 Seiten
978-3-944277-27-1

Argumente des Islam
2013, gebunden, 88 Seiten
978-3-944277-13-4

Die Himmlische Entscheidung
2013, gebunden, 108 Seiten
978-3-94427701-1

Botschaft der Versöhnung
2014, gebunden, 80 Seiten
978-3-944277-36-3

Die Segnungen des Gebetes
2010, broschiert, 46 Seiten
ISBN 978-3-932244-60-5

Das Testament – Al-Wassiyat
2008, broschiert, 72 Seiten
78-3-932244-14-8

Ziele erklärt. Die Natur der Engel, der Seele und der Offenbarung
2011, broschiert, 88 Seiten
978-3-932244-24-7

Al-Qaseeda – Lobeshymne auf den Heiligen Propheten Muhammad^SAW^
2012, broschiert, 54 Seiten
978-3-932244-99-5

Die Notwendigkeit des Imam
2013, gebunden, 116 Seiten
978-3-932244-86-5

Drei Fragen eines Christen und die Antworten darauf
2011, broschiert, 88 Seiten
978-3-932244-78-0

Antworten des Verheißenen Messias^AS^
2015, gebunden, 120 Seiten
978-3-944277-39-4

Was ist der Unterschied zwischen einem Ahmadi und einem Nicht-Ahmadi?
2017, broschiert, 80 Seiten
978-3-939797-40-1

Offenbarung, Vision, Wahrtraum
1991, broschiert, 48 Seiten
3-921458-71-4

Werke über den Verheißenen Messias, Hadhrat Mirza Ghulam Ahmad^AS^

Das gesegnete Leben. Eine Biografie des Verheißenen Messias und Begründers der Ahmadiyya Muslim Jamaat Hadhrat Mirza Ghulam Ahmad[AS]
Shaikh Abdul Qadir
2017, gebunden, 728 Seiten
ISBN 978-3-939797-39-5

Mirza Ghulam Ahmad von Qadian[AS]
Iain Adamson
1991, broschiert, 204 Seiten
ISBN 3-921458-72-2

Spiegel der Schönheit
Hadhrat Mirza Bashir Ahmad[RA]
1992, broschiert, 84 Seiten
ISBN 3-921458-54-4